Inhalt

Wer diese Spielregeln beherrscht, wird sich, seine Fähigkeiten und seine Ideen verwirklichen

Die Welt ist voll von ehrgeizigen und fleißigen Menschen, die mit vielerlei außergewöhnlichen Fähigkeiten ausgestattet sind. Trotzdem scheitern sie mit allen ihren guten Vorsätzen und Plänen. Und das nur aus einem einzigen Grund: Sie beherrschen die Gesetze und Methoden der Menschenbeeinflussung nicht.

Werbeleute, Politiker und professionelle Verkäufer wissen, wie man es macht. Die Gesetze, deren sie sich bedienen, sind die jahrhundertealten Gesetze der Manipulation.

Die meisten Menschen, die ihre Ziele und Vorsätze nicht oder nur teilweise verwirklichen können, resignieren sehr bald in ihrem Bemühen, sich durchzusetzen. Voll des Mitleids mit sich selbst geben sie anderen die Schuld für ihr Versagen.

Deshalb gibt es in dieser Welt auch so viele Unzufriedene, die das Vertrauen in sich selbst verloren haben. Sie leben ein Leben aus zweiter Hand und warten Tag für Tag darauf, daß andere kommen und ihnen sagen, was sie denken, glauben und kaufen sollen. Kritiklos, bequem und ergeben machen sie sich zu Opfern der Manipulation durch andere.

Diese Menschen haben nicht erkannt, daß Manipulation ein grundlegender Bestandteil des menschlichen Zusammenlebens ist.

Seine Meinung durchsetzen, andere überzeugen, sich in einer feindseligen Umwelt behaupten und nicht ausnützen lassen, sich alles schaffen, was man sich schaffen möchte – das bedarf der Beherrschung jener Spielregeln des zielstrebigen Umgangs mit den Mitmenschen, mit denen jeder Erfolg und damit ein wesentlicher Teil des persönlichen Glücks verbunden ist.

Wer diese Spielregeln beherrscht, wird sich, seine Fähigkeiten und seine Ideen verwirklichen. Wer sich nicht die Mühe nimmt, sie zu erkennen, sie täglich neu zu erforschen und sich mit ihrer Hilfe zu entfalten, darf sich nicht wundern, wenn er ein Leben lang mit sich und der Umwelt unzufrieden ist.

Einige Hinweise, wie Sie aus diesem Buch den größtmöglichen Nutzen ziehen können

Ehe Sie sich in die folgenden Kapitel vertiefen, sollten Sie ein paar Gedanken dafür aufwenden, in welcher Weise Sie sich das hier Gebotene zunutze machen wollen.
Vor Ihnen liegt kein Buch, in dem Sie ein bißchen blättern sollten, um es dann mit ein paar selbstgefälligen Bemerkungen zur Seite zu legen. Wenn es allerdings Ihre Absicht ist, dieses Buch nur oberflächlich zu überfliegen, steht es Ihnen natürlich frei. Sie sollten jedoch von vornherein wissen, daß Sie dann wenigstens 70 Prozent des Kaufpreises zum Fenster hinausgeworfen haben.
Dieses Buch ist ein Übungsbuch. Sein Inhalt ist so gestaltet, daß Sie daraus einen möglichst nachhaltigen Nutzen für Ihr tägliches Leben ziehen können. Sein Ziel ist, Ihnen die acht wichtigsten Prinzipien der Menschenbeeinflussung vorzustellen und in ihrer Anwendung zu erklären. Darüber hinaus werden Sie ständig ermuntert, von den gewonnenen Erkenntnissen täglich Gebrauch zu machen.
Dieses Buch ist also eine permanente Herausforderung an Sie, Ihre Mitmenschen besser und bewußter zu manipulieren als bisher und daraus für sich selbst alle Vorteile zu ziehen.
Es ist ganz natürlich, daß Sie sich vorerst an der Aufforderung »Manipulieren Sie Ihre Mitmenschen« stoßen werden. »Manipulation« – dieses Wort hat in jüngster Zeit eine außergewöhnlich negative Bedeutung erhalten. Es klingt heute im allgemeinen Sprachgebrauch nach hinterhältigen Tricks, mit denen Leute aufs Kreuz gelegt werden. Nach böswilliger Irreführung. Nach Ausnützen der Dümmeren, mit denen wir uns seltsamerweise selbst immer wieder identifizieren. »Manipulation«, das klingt nach unfair, unerlaubt und unverantwortlich.
Mit diesen Klischeevorstellungen und den darin enthaltenen Irrtümern wird sich das folgende Kapitel auseinandersetzen.
Inhalt und Aufbau der Kapitel über die acht wichtigsten Gesetze des Manipulierens bestehen im wesentlichen aus zwei Teilen:

A Einer Beschreibung und Erklärung des jeweiligen Gesetzes mit zahlreichen Beispielen und Hinweisen. Wir werden Methoden und Taktiken des Manipulierens ebenso analysieren wie die Hintergründe des Verhaltens jener Menschen, die mit diesen Methoden manipuliert werden.

B Sie erhalten Anregungen, wie Sie sich die gewonnenen Erkenntnisse selbst zunutze machen können.

Sie sollten sich deshalb mit jedem einzelnen Manipulationsgesetz längere Zeit beschäftigen. Eines sollten Sie dabei bedenken: Nicht die exakte Befolgung jeder einzelnen Anregung entscheidet darüber, ob Sie aus diesem Buch alles das herausholen, was es Ihnen zu bieten vermag. Entscheidend sind allein die praktischen Vorteile, die Sie für Ihr weiteres Leben an jedem einzelnen Tag auf Grund dieser Anregungen errringen.

Manipulieren oder Überzeugen oder Verkaufen oder Sich-Durchsetzen, wie immer Sie es nennen, ist eine Fähigkeit, die erlernbar ist wie Buchhaltung, eine Fremdsprache oder eine Sportart. In jeder Disziplin entscheiden zwei Dinge über den Grad des Erfolgs:

A Sie müssen die Grundregeln verstehen und möglichst gut beherrschen.

B Sie müssen sich in der Disziplin durch ständiges Training immer mehr vervollkommnen.

Genau das gilt auch für die Fähigkeit der Menschenbeeinflussung.

»Wenn ein Mensch den Mund aufmacht, um mit einem anderen zu reden, hat er nur eines im Sinn: Er will ihn manipulieren«

Vielleicht gehören Sie zu den Leuten, an denen die ungezählten Slogans über die Gefährlichkeit der Manipulation nicht spurlos vorübergegangen sind. Slogans wie: »Wir sind das Opfer der Manipulanten in den Massenmedien.« Oder: »Die große Masse der Menschheit wird von einigen wenigen zu deren Vorteil manipuliert.« Oder: »Je perfekter die Kommunikationsmittel, um so hilfloser sind wir der Manipulation durch jene ausgeliefert, die diese Mittel beherrschen.«

Ehe wir uns mit den Gesetzen und Methoden des Manipulierens beschäftigen, sollten wir uns mit einigen Denkirrtümern und Verhaltensklischees auseinandersetzen, die dabei eine wichtige Rolle spielen.

Um eines von Anfang an klarzustellen: Es ist selbstverständlich richtig, daß einige wenige die große Masse der Menschen manipulieren, und zwar in der ganz eindeutigen Absicht, für sich den größtmöglichen Nutzen daraus zu ziehen.

Richtig ist aber auch, daß wir alle ununterbrochen darauf warten, bis irgend jemand kommt, der uns sagt, was wir denken, glauben, tun und kaufen sollen. Mit anderen Worten: Einer, der uns eine Entscheidung abnimmt, die wir selbst nicht fällen können oder wollen, weil sie uns zu mühsam ist.

Wir alle möchten insgeheim zu den einigen wenigen gehören, die es verstehen, andere auszunützen. Andererseits können und wollen wir uns grundsätzlich gar nicht der Manipulation durch andere entziehen.

Es hat deshalb wenig Sinn, sich in einer praktischen Auseinandersetzung wie dieser über die Gefährlichkeit der Manipulation zu verbreiten. Viel mehr interessiert uns, in welchem Maße wir

- uns die Methoden der Manipulation und die ihnen zugrunde liegenden Gesetze selbst zunutze machen können, und wie
- wir uns davor bewahren können, daß andere uns zu unserem Nachteil ausnützen.

»Manipulation«, sagt der Schweizer Gelehrte Adolf Portmann, »ist ein Grundphänomen unseres Menschseins.« Der amerikanische Menschenkenner Professor Walther G. Pinecoke behauptet: »Wenn immer ein Mensch den Mund aufmacht, um mit einem anderen zu reden, hat er im Grunde genommen nur eines im Sinn: Er will ihn manipulieren und den größten Nutzen daraus ziehen.«

So übertrieben Pinecokes Behauptung auch klingen mag, sie deckt doch ein grundlegendes Motiv unseres Verhaltens auf.

Wir versuchen tatsächlich unser ganzes Leben lang, uns anderen gegenüber zu behaupten. Sie sollen das tun, was wir von ihnen erwarten. Sie sollen uns anerkennen und respektieren. Sie sollen unsere Fähigkeiten akzeptieren und uns weiterhelfen.
Was immer uns diesem Ziele näherbringt, ist uns recht. Sei es die Ausübung einer Macht, der Einsatz von Geld oder Autorität. Oder der Gebrauch irgendeiner anderen Art des Sich-Produzierens.

- Der Chef sagt: »Wenn Sie nicht das vorgeschriebene Soll erreichen, kann ich Ihnen leider die Prämie nicht ausbezahlen.«
- Der Lehrer sagt: »Wenn ihr nicht sofort still seid, bekommt ihr eine Strafarbeit.« Er sagt: »Wenn du nicht brav lernst, muß ich dir eine Fünf einschreiben.«
- Der eine sagt: »Mein nächster Wagen muß noch ein paar PS mehr und ein paar Extras haben.«
- Die Hausfrau kauft das neue Waschmittel, weil es ihr eine noch weißere Wäsche verspricht, obwohl sie das neueste Weiß vom bisherigen Weiß schon längst nicht mehr unterscheiden kann.
- Der andere sagt: »Dem X werde ich es aber zeigen, er hat gesagt, ich sei ein unfähiger Trottel.«
- Der Millionär sagt: »Der Y hat eine Million mehr als ich, aber im nächsten Jahr werde ich ihn überrunden.«
- Die Leute, die die Autorität des Staates repräsentieren, sagen: »Wer das Gesetz nicht befolgt, muß bestraft werden.« Im Grunde genommen sind sie aber nur darauf aus, daß ihre eigene Autorität nicht untergraben wird.

In vielen der hier angeführten Fälle wird eine ganz bestimmte Methode angewandt, um ans Ziel zu kommen: die Angst-Methode. Genau betrachtet, ist die Angst überhaupt eines der häufigsten Motive für unser Verhalten. Die Angst, die wir selbst haben und die unser Handeln bestimmt. Und die Angst, die wir anderen machen, um sie für unsere Absichten gefügig zu machen.

- Der Lehrer droht den Schülern mit Strafe oder schlechten Noten, und die Kinder haben Angst vor der Strafe. Sie fürchten die schlechten Noten, denn diese könnten ihren Eltern nicht gefallen. Kinder aber haben Angst davor, ihren Eltern nicht zu gefallen.
- Die Eltern wieder haben Angst, daß ihr Kind in der Schule nicht bestehen könnte, deshalb benützen sie ihrerseits wieder die Angst, um die Kinder zu größeren Leistungen anzuspornen.
- Der Staat droht ständig mit Strafe, und die Bürger haben Angst, sich dabei erwischen zu lassen, wenn sie die Regeln brechen, die ihnen der Staat vorschreibt. Vorausgesetzt, sie haben nicht das erforderliche Geld, um sich einen gewitzten Anwalt oder Steuerberater zu leisten, der für sie eine Lücke des Gesetzes ausfindig macht.

- Wir alle haben Angst davor, unsere Posten zu verlieren; und die Leute, für die wir arbeiten, sind nicht daran interessiert, uns diese Angst zu nehmen.
- Die vielleicht am meisten verbreitete Angst ist jene, wir könnten in unserer engeren Gemeinschaft nicht bestehen oder nicht anerkannt werden. Wir bemühen uns krampfhaft, alles zu tun, was »man« tut, um nicht unangenehm aufzufallen. Wir gehen mit der Mode und versuchen »up to date« zu sein. Ob wir nun Witze erzählen, über unseren Urlaub reden oder uns vielleicht als Funktionär, Vortragender oder Besserwisser produzieren. Der Lohn, nach dem wir lechzen, ist die Anerkennung.
- Natürlich haben auch die »Großen« Angst, die Leute, die ganz oben stehen auf der beruflichen oder gesellschaftlichen Pyramide der Bewunderung. Die Chefs, die Stars, die Führer und Posteninhaber. Sie werden ununterbrochen von denen gejagt, die hinter ihnen nach vorne drängen. Jeder, der oben ist, möchte dort bleiben. Die Angst, verdrängt zu werden, hält ihn Tag und Nacht in Atem.

Genau wie die Manipulation, ist auch die Angst ein – um mit Adolf Portmann zu sprechen – »Phänomen unseres Menschseins«. Es gibt Menschen, die es verstehen, den anderen Angst zu machen, um ihre Absichten bei ihnen durchzusetzen. Und es gibt die anderen, die es weniger gut verstehen, die dafür aber von der Angst getrieben werden, sie könnten nicht erfüllen, was die anderen von ihnen erwarten.

Auch hier ist es müßig für uns, die Frage nach Schuld und Schuldigen zu stellen. Wir alle sind Angstmacher, wir alle sind Opfer. Wichtig ist für uns zu klären, in welchem Maße wir täglich der Angst-Manipulation durch andere unterliegen. Vor allem aber, wie wir unseren Bereich freier Entscheidung erweitern können und wollen, indem wir unsere Ängste bewußt erkennen und kontrollieren lernen.

Jeder wird schließlich für sich entscheiden müssen, ob er selbst in Zukunft besser als bisher die Angst dazu benützen will, um andere zu manipulieren. Es steht ja auch in jedermanns eigener Entscheidung, sich einem anderen gegenüber damit durchzusetzen, daß er ihm eine geladene Pistole an die Schläfe hält.

Die Frage erhebt sich hier: Wäre das auch eine Form der Manipulation? Natürlich nicht. Die Manipulation, wie wir sie verstehen, geht vom bewußten Verständnis für den anderen, den von uns Manipulierten, aus. Sie nützt seine Trägheit, sein Unwissen, seine Bequemlichkeit und Unsicherheit, aber sie gefährdet ihn nicht in seiner Existenz. Er soll die Chance haben, besser zu sein als wir. Das ist ein wesentliches Merkmal des täglichen manipulativen Spieles, das ohne Gegner nicht spielbar wäre.

Dieses Spiel des Sich-Durchsetzens, dieses »Phänomen unseres Menschseins«, ist *für* und *auf* jeden anwendbar. Wer es besser versteht und be-

herrscht, wird besser abschneiden als der andere, der es nicht versteht und weniger gut beherrscht.
Wir stehen in diesem Spiel vor allem sechs Gegnern gegenüber. Alle verfolgen sie das gleiche Ziel wie wir. Alle wollen sie ihren Vorteil, der durchaus unser Nachteil sein kann. Manche von ihnen wenden dabei die raffiniertesten Methoden an, die sich Menschen ausdenken können.
Die Gegnerschaft geht quer durch die Familien und Arbeitsplätze, Freundschaften und Gruppen. Sie besteht im Kindergarten genauso wie in der sogenannten großen Gesellschaft. Gar nicht zu reden vom Geschäft, der Politik oder dem kulturellen Bereich.
In dieser Gegnerschaft sind alle Mittel erlaubt, oder zumindest fast alle. Auch wenn nach außen hin die Form gewahrt und Mitgefühl geheuchelt wird. Letzten Endes ist sich jeder doch selbst der Nächste.
Lassen Sie uns deshalb im ersten Manipulationsgesetz die sechs großen Gegner einmal in Augenschein nehmen, wie der Boxer seinen Konkurrenten bei der Abwaage am Tag vor dem Fight um die Weltmeisterschaft.

Erstes Manipulationsgesetz

Im täglichen Spiel der Manipulation stehen wir vorwiegend sechs Gegnern gegenüber. Sie alle versuchen, sich uns gegenüber durchzusetzen. Wir wiederum versuchen, uns bei ihnen durchzusetzen und unseren eigenen Vorteil daraus zu ziehen.
In welchem Maße der eine oder andere dabei erfolgreich ist, hängt nicht unwesentlich davon ab, daß er diese Gegner bewußt erkennt und studiert und sich den gewonnenen Erkenntnissen gemäß folgerichtig verhält.

Die sechs Gegner sind:

1. Das andere Geschlecht.
2. Alle, die unserem Weiterkommen und unserer Anerkennung im Wege stehen.
3. Die Autoritäten und alle, die sich eine Autorität zunutze machen.
4. Die Gesellschaft, in der wir leben.
5. Die Medien.
6. Die Familie.

»Wenn Sie wollen, daß die Leute über Sie reden, müssen Sie anecken«

Dieses Gesetz verlangt nicht mehr und nicht weniger von Ihnen, als daß Sie sich mit Ihren Gegnern vertraut machen. Es verlangt, daß Sie sich mit der Realität anfreunden, daß im Spiel der täglichen Manipulation jeder, wirklich jeder, in dem hier beschriebenen Sinne Ihr Gegner ist. Sie lieben ihn vielleicht, sie mögen ihn, er ist Ihr Freund oder Ihr Kind. Das alles aber ändert nichts an der Tatsache, daß ständig er Sie oder Sie ihn zu manipulieren versuchen.

Wenn Sie einen Menschen lieben, werden Sie versuchen, diese Liebe für sich zu erhalten. Sie werden versuchen, sich ihm von Ihrer besten Seite zu zeigen. Sie werden versuchen, ihn von dem zu überzeugen, von dem Sie annehmen, daß es Sie liebenswert macht.

Im Grunde genommen tun Sie damit nichts anderes als die Autofirma X, die alle Vorteile ihres Produkts herausstreicht, um es für die Käufer attraktiv zu machen.

Das bewußte Erkennen dieser Realität und der daraus resultierenden Gegnerschaft ist die Voraussetzung dafür, Ihre Pläne und Ideen, Ihre Wünsche und Gefühle und damit sich selbst und Ihre Vorzüge zielstrebig zu »verkaufen«.

Ich war, gerade zu einer Zeit, als ich bereits Material für dieses Buch sammelte, einer der Autoren der Fernsehsendung »Wünsch Dir Was«. Es war wohl die umstrittenste, meistdiskutierte und am meisten angegriffene Unterhaltungssendung, die es im deutschsprachigen Fernsehen bis zu dieser Zeit gab.

Ich verrate kein Geheimnis, wenn ich sage, daß wir ein wesentliches Ziel dieser Sendung darin sahen, die Zuschauer – es waren manchmal bis zu 30 Millionen – zu provozieren, zum kritischen Denken und zur kritischen Stellungnahme gegenüber aufgezeigten Problemen herauszufordern. Um es noch klarer zu sagen: Wir wollten die Zuschauer in diesem Sinne manipulieren.

Zu den interessantesten Erfahrungen, die ich während meiner fast dreijährigen Tätigkeit bei »Wünsch Dir Was« machte, gehört die Begegnung mit einer 158 Zentimeter großen, zierlichen, schwarzhaarigen Frau, deren Leben sich durch diese Sendung völlig veränderte. Ihr Name ist Esther Vilar.

Wir hatten die Idee, sie mit Müttern und Töchtern der Kandidatenfamilien dieses Quiz-Spiels diskutieren zu lassen. Einige von uns hatten die revolutionären Ansichten gelesen, die sie über das Verhältnis von Mann

und Frau geäußert hatte. Bis zu diesem Zeitpunkt aber kannten nur verhältnismäßig wenige Menschen den Namen Vilar oder den Titel ihres Buches »Der dressierte Mann«.
Wir luden diese Frau also zu der Sendung ein. Am Abend ihrer Ankunft saß ich mit ihr in einem Wiener Spezialitätenrestaurant, um den bevorstehenden Auftritt zu besprechen. Ich merkte bald, daß zwischen den aggressiven Äußerungen in ihrem Buch und ihrem Verhalten ein großer Unterschied bestand. Ich erinnere mich noch genau daran, wie sie mich ängstlich fragte: »Sagen Sie mir bitte gleich, was ich alles vermeiden muß, um beim Publikum nicht anzuecken.«
Da saß also eine Frau vor mir mit großartigen, außergewöhnlichen Ideen, aber sie hatte keine Vorstellung davon, wie sie diese Ideen den Leuten verkaufen sollte. Diese Frau war in ihrem Denken eine einzige Provokation, aber sie sah den Weg nicht, auf dem sie damit an die Menschen herankommen konnte, die sie so gerne provoziert hätte. Sie sah den Gegner nicht als den Gegner, den sie überzeugen mußte. Sie sagte nur, ein wenig hilflos an ihrem Weinglas nippend: »Sagen Sie mir bitte gleich, was ich alles vermeiden muß, um beim Publikum nicht anzuecken.«
In ihrem Buch beschrieb sie über 200 Seiten, wie Frauen ihre Männer manipulieren, aber als es darum ging, sich selbst durch bewußte Manipulation einem Millionenpublikum zu verkaufen, versagte sie.
Ich gab ihr damals den Rat: »Wenn Sie wollen, daß die Leute über Sie reden und über Ihre Ansichten diskutieren, dann müssen Sie genau das Gegenteil dessen tun, was Sie vorhaben. Sie müssen anecken.« Das tat sie dann auch. Und wie sie es tat! Noch während der Sendung riefen Zuschauerinnen an und drohten, sie würden dieses »blöde Weib« aus der Stadt prügeln. Zeitungen veröffentlichten noch Monate später Artikel über sie. In ungezählten Familien war ihr Auftritt noch lange nachher Gesprächsthema Nummer eins. Ihr Buch schnellte an die Spitze der Bestsellerlisten empor und brachte der Autorin viel Geld. Ich habe Ihnen dieses Beispiel erzählt, weil ich Ihnen zeigen wollte, wie wichtig es ist, die Beeinflussung Ihrer Mitmenschen nicht vom Zufall abhängig zu machen, sondern sie bewußt und zielstrebig zu betreiben. Vor allem aber sollten Sie wissen, wer Ihre Gegner sind, denen Sie Tag für Tag in Ihrem Bemühen gegenüberstehen.

Gegner Nummer 1 – Das andere Geschlecht

Das andere Geschlecht ist der erste Gegner, bei dem Sie sich unentwegt durchsetzen müssen. Oder aber er setzt sich Ihnen gegenüber durch, weil er es versteht, Sie zu seinem Vorteil zu manipulieren.

Sie wollen diesem Gegner imponieren, ihn erobern und vielleicht auch heiraten. Möglicherweise möchten Sie ihn nur dazu kriegen, schnell einmal mit Ihnen ins Bett zu gehen. Viele behaupten, das alles träfe auf sie nicht zu. Aber diese Behauptung, die sie überall verbreiten, ist natürlich nichts anderes als der Versuch, anderen durch ihre angebliche Überlegenheit zu imponieren. Oder es ist nur ein Versuch, sich vor einer Enttäuschung zu bewahren. Wer von vornherein sagt: »Diese Frau bedeutet mir im Grunde genommen überhaupt nichts«, kann nachher, wenn er bei ihr abgeblitzt ist, leicht behaupten: »Es war ja sowieso nicht ernst gemeint.« Wie dem auch sei, die meisten Leute heiraten schließlich doch, weil sie sich beim anderen oder der andere sich bei ihnen durchgesetzt hat. Die Ehe ist dann während ihrer gesamten Dauer durch das tägliche Spiel bestimmt, in dem jeder versucht, dem anderen gegenüber seine Position zu behaupten.

Es findet so etwas wie ein Guerillakrieg der ununterbrochenen gegenseitigen Manipulation statt, der nicht selten zur offenen Feldschlacht ausartet, wenn beide Gegner die Spielregeln der Manipulation nicht verstehen und beherrschen.

Dann allerdings enden die Kampfhandlungen im Extremfall so wie bei dem 34 Jahre alten kaufmännischen Angestellten Gerhard K. aus Westfalen, von dem ich kürzlich in der Zeitung las. Er tötete seine 22jährige Frau durch 17 Stiche mit einem Schraubenzieher, weil sie ihm während des Abendessens vorgehalten hatte, daß ihr Hausfreund in der Liebe ausdauernder sei als er.

Andere wieder wählen den weniger blutigen Weg einer Scheidung, wenn sie es nicht vorziehen, den Rest ihres Lebens aus irgendwelchen Gründen in Resignation und hilfloser Selbstbemitleidung dahinzuvegetieren.

Und warum das alles?

Die Antwort ist ganz einfach: Weil sie nicht erkannten, daß jedes Zusammenleben zweier Menschen vom ununterbrochenen Bemühen jedes einzelnen geprägt ist, sich dem anderen gegenüber durchzusetzen.

Wer das als unumstößliche Tatsache anerkennt, wird nicht jeden manipulativen Versuch des Gegners als persönliche Beleidigung betrachten, auf die er mit einer Kriegserklärung reagieren muß. Er wird statt dessen

das Spiel aufnehmen und seinerseits mit manipulativen Maßnahmen reagieren.
Wer das verstanden hat, wird neben seinem eigenen Bemühen um Anerkennung auch akzeptieren, daß der andere genau dasselbe versucht. Einer der vielen Vorteile des Wissens um die Manipulationsgesetze ist es, daß man einem Angriff nicht unbedingt mit einem Gegenangriff begegnen muß, sondern mit einer Geste, die den Gegner gewaltlos entwaffnet.

Gegner Nummer 2 – Alle, die unserem Weiterkommen im Wege stehen

Aus Gründen, die zu erforschen Philosophen, Psychologen und anderen geschulten Theoretikern vorbehalten bleiben soll, sind wir alle unentwegt bestrebt, im Leben weiterzukommen. Wir möchten ständig mehr verdienen und durch das Vorrücken in immer höhere berufliche und gesellschaftliche Positionen immer größeren Einfluß und stärkere Anerkennung erringen.

Auf diesem Weg nach oben stehen uns immer ein paar Leute im Wege, die uns daran hindern; oder die uns behilflich sein könnten, es aber nicht sind.

Sie alle müssen wir im Sinne der manipulativen Spielregeln als unsere Gegner betrachten.

Zu ihnen gehören:

1. Die Person, die die Position innehält, die wir selber gerne hätten.
2. Die Person, die auf dieselbe Position aus ist wie wir.
3. Die Person, die darüber entscheidet, wer den nächsten Schritt im Aufstieg zuerst machen darf, oder die uns bei unserem nächsten Schritt entscheidend helfen kann.

Natürlich ist eine gewisse Voraussetzung für unser Vorwärtskommen eine fachliche Eignung. Aber wir alle wissen, daß die besten Leute keinesfalls immer auf dem Posten stehen, der ihnen zukäme.

Es gibt unendlich viele brave, emsige, hochqualifizierte Idealisten, die sich mit ihrer Leistung allein durchsetzen wollen, aber es doch nie schaffen.

Und warum nicht?

Lassen wir Claude G. Hopkins, einen Pionier der amerikanischen Werbung und der modernen Verkaufstechnik, darauf die Antwort geben. Er sagt: »Es genügt nicht allein, gut zu sein. Mindestens genauso wichtig wie Können, Wissen, Fleiß und guter Wille ist die Fähigkeit, die Leute dazu zu bringen, uns und unsere Leistung anzuerkennen und zu unserem Vorteil zu honorieren.«

Weil dies nur selten ohne unser Zutun geschieht, müssen wir die Gesetze des Sich-Durchsetzens studieren und die daraus resultierenden Folgerungen für unser Weiterkommen praktisch verwirklichen.

Gegner Nummer 3 – Die Autoritäten und alle, die sich Autorität zunutze machen

Bei vielem, das wir tun wollen, sehen wir uns jenen Menschen wie unnahbaren Bollwerken gegenüber, die sich eine Sonderstellung in der Hierarchie des Zusammenlebens erkämpft haben: den Status einer Autorität. – Die am stärksten in unserem Denken verwurzelten Autoritäten sind:

- Vater und Mutter
- Der Vorgesetzte
- Der Stärkere
- Der Staat und jene, die vorgeben, ihn zu verkörpern
- Fachleute aller Art
- Die Mehrheit
- Titelträger

Ein Kind mag hundertmal mit dem, was es will, recht haben. Wenn sein Vater sagt: »Ich weiß es besser, ich bin dein Vater«, wird er sich damit schließlich durchsetzen.

Wenn Sie einem Menschen gegenübertreten, der sich hinter der Autorität einer Behörde verschanzen kann, sind Sie von vornherein bei Ihren Bemühungen im Nachteil. Er hat irgendeine Vorschrift, auf die er sich beruft und auf die er persönliche Verantwortung abschieben und Sie damit erpressen kann. Das einzige, worauf Sie sich berufen können, ist Ihr eigener Vorteil. Aber der Staat wird nicht müde, Ihnen einzuhämmern, daß das Wohl der Allgemeinheit Ihrem persönlichen Wohle vorgeht.

Ärzte, Rechtsanwälte, Automechaniker, Installateure – mit einem Wort: die Fachleute – nützen ihr überlegenes fachliches Wissen als Mittel der Manipulation. In und mit ihrer Standesgemeinschaft verteidigen sie ihren Autoritätsstatus gegenüber den Außenstehenden.

Wer den Status einer Autorität im Umgang mit anderen Menschen einsetzen kann, hat von Anfang an eine günstigere Voraussetzung dafür, seinen Vorteil durchzusetzen. Der Status signalisiert dem anderen: »Ich bin mehr als du, ich weiß mehr als du, ich habe eine Macht hinter mir, die du nicht hast.«

Wir werden ein Leben lang dazu erzogen, zu gehorchen und Autoritäten anzuerkennen. Ist es ein Wunder, daß jeder darauf aus ist, diesen Vorteil im Umgang mit anderen für sich einzusetzen? Wohlgemerkt: Es ist dabei gar nicht entscheidend, ob einer tatsächlich eine Autorität ist. Nicht jeder wird schließlich von seiner Krankheit geheilt, weil ihn ein Arzt behandelt hat. Entscheidend für den Anfangsvorteil im manipulativen Spiel ist, daß einer imstande ist, einem anderen gegenüber seinen Status einzusetzen. Wir können ein manipulatives Manöver von zwei Standpunkten aus starten:

1. Wir eignen uns selbst einen Autoritätsstatus an und spielen ihn anderen gegenüber aus.
2. Wir setzen einer Autorität gegenüber andere Methoden der Manipulation ein und neutralisieren dadurch den Vorteil des Gegners.

Eines dürfen wir bei alldem jedoch als gegeben ansehen: Hinter jeder Autorität steht ein Mensch mit ich-bezogenem Denken, mit Wünschen und Schwächen. Er ist deshalb wie alle anderen verwundbar durch die Spielregeln der Manipulation, die sich jeder zunutze machen kann.

Gegner Nummer 4 – Die Gesellschaft, in der wir leben

»Warum«, so fragte einmal der gescheite George Bernard Shaw, »malt sich die Frau eines Blinden die Lippen an?« Warum, so können wir weiterfragen, malen sich Frauen überhaupt die Lippen an?
Warum hängen sie sich sündteure Nerze um, wenn sie für ein paar Stunden ins Theater gehen? Warum müssen Ringe aus Gold und mit Brillanten besetzt an ihren Händen glitzern? Warum füttern Millionen Frauen in der Welt die Kosmetikindustrie mit immer neuen Milliarden Dollars, Mark, Pfunden, Franc, Schillingen und Lire? Für ein bißchen mehr Rot oder Braun im Gesicht, ein paar weniger Falten um die Augen, etwas Grün oder Blau auf den Lidern.
Warum behängen die Männer ihre Frauen mit Nerzen und Brillanten? Warum muß es ein Mercedes, Jaguar, Rolls-Royce sein? Warum raufen sie sich so um öffentliche Ämter, die ihnen Gelegenheit geben, ab und zu einmal im Mittelpunkt allgemeiner Bewunderung zu stehen? Zu den schönsten Augenblicken in unserem Leben gehören jene, wenn wir irgend jemandem sagen oder auch nur signalisieren können: »Schau her, ich bin der und der und das und das und verdiene soundsoviel«, und in den Augen des anderen erkennen wir ein Anzeichen von Neid und Bewunderung. Warum das alles?
Es wird wohl daran liegen, daß wir ununterbrochen jemandem imponieren wollen. Vielleicht wollen wir es selbst gar nicht so sehr, aber andere zwingen uns dieses Verhalten auf. Sie fordern uns permanent dazu heraus, es anderen gleichzutun, es noch besser zu machen, mit der Mode zu gehen, im Leben zu bestehen. Sie fördern den Drang in uns, immer etwas anderes zu sein als das, was wir gerade sind.
In diesem Bemühen stehen wir mit allen in einem unerbittlichen Wettbewerb, in dem wir wenigstens hin und wieder ein Gefecht gewinnen möchten. Manche halten diese kleinen Siege im Leben für so wichtig, daß sie alles, was sie haben, dafür einsetzen und nicht selten auch verlieren.
Andere wieder halten das alles für sinnlosen Konsumzwang, oder sie nennen es eine Versklavung durch blinden Fortschrittsglauben. Sie haben gar nicht so unrecht. Ein hohes Maß an Sinnlosigkeit wohnt diesem Verhalten zweifellos inne. Es liegt aber jederzeit an uns zu entscheiden, wie sehr wir uns davon beherrschen lassen. Es liegt auch an jedem von uns, die Grenzen zu erkennen und abzustecken, bis zu denen wir uns von anderen herausfordern und zu deren Vorteil ausnützen lassen.
Fest steht jedenfalls, daß unser Imponierverhalten von anderen gefördert

wird. Der Kreislauf, in den sie uns zu drängen versuchen, ist stets derselbe:

1. Sie reden uns ein Vorbild ein, ein Verhaltensklischee, das sie als allgemeingültig und richtig festgelegt haben.
2. Sie versprechen uns Belohnung dafür, wenn wir uns diesem Klischee entsprechend verhalten. Sie versprechen uns Beförderung oder Orden. Sie versprechen uns, daß andere uns bewundern werden, wenn wir uns klischeegerecht verhalten.
3. Wenn wir uns ihrem Klischee gerecht verhalten, benützen sie uns und andere dazu, wieder anderen vorzuhalten: »Schau dir die an, die verhalten sich richtig, warum nicht auch du?« Und diese anderen werden unsicher und fragen sich: »Wenn so viele sich so verhalten, wird es schon richtig sein. Da muß ich es wohl auch so machen.«

In diesem Kreislauf werden wir einmal die einen und ein anderes Mal die anderen sein. Bis zu dem Zeitpunkt, an dem wir die Zusammenhänge erkennen und aus dem Kreislauf ausbrechen, um unser Verhalten nicht mehr allein durch andere bestimmen zu lassen.

Mit anderen Worten: Wir erkennen die Gesetze der Manipulation und machen sie uns in zweierlei Weise zunutze:

- Wir bestimmen selbst, wieweit wir uns manipulieren lassen.
- Wir lassen uns nicht mehr nur von anderen zu deren Vorteil ausnützen, sondern setzen ihre Mittel ebenso zu unserem eigenen Vorteil ein.

Gegner Nummer 5 – Die Medien

Die Medien, das sind die Zeitungen und Illustrierten, der Rundfunk, das Fernsehen, die Plakate, das Kino, die Bücher. Sie vermitteln uns Informationen, Unterhaltung und eine Vielzahl von Botschaften, die irgendwelche Leute für uns ausgewählt, erfunden und aufbereitet haben. Die Medien, das sind die Träger der manipulativen Impulse einiger weniger an die Massen, sie sind die Träger der Werbung. Was wir kritiklos aufnehmen und gläubig befolgen, wird uns im Sinne der wenigen beeinflussen. Was wir kritisch prüfen und in seinen Zusammenhängen und Absichten erkennen, werden wir uns in dem Maße zunutze machen, in dem wir es für uns als richtig erkannt haben.

Ein Mann namens Victor O. Schwab war über 40 Jahre lang auf dem Gebiet der Werbung tätig, ehe er seine Erkenntnisse in einem Buch zusammenfaßte. In der Einführung zu diesem Buch nennt er fünf Faktoren, die er für den Verkauf eines Produkts für wichtig hält:

1. Die Aufmerksamkeit des potentiellen Käufers erregen.
2. Ihm einen Vorteil aufzeigen, den das Produkt für ihn hat oder haben kann.
3. Diesen Vorteil beweisen.
4. Beim Käufer das Bedürfnis wecken, den Vorteil wahrzunehmen.
5. Den Käufer zum Handeln auffordern.

Das also sind die klassischen Grundregeln jedes guten Verkäufers, mit denen er sich uns via Fernsehen oder Zeitung oder am Ladentisch nähert, um uns zum Kauf zu überreden.

Achten Sie auf eines: Er fragt dabei vorerst nicht etwa, ob wir dieses Produkt auch wirklich brauchen. Er fragt lediglich: »Wie mache ich dem Käufer mein Produkt so schmackhaft, daß er es schließlich kauft?«

Aber die Werbung ist nur ein Teil dessen, womit uns die Medien konfrontieren. Da sind auch die sogenannten Facts, die Informationen, die Berichte und Geschichten, mit denen sie uns die weite und die kleine Welt ins Haus liefern und erklären, warum manches so ist, wie es ist.

Alles das beeinflußt unsere Meinung und unsere Entscheidungen in dem Maße, in dem wir zulassen, daß es uns beeinflußt. Darüber hinaus haben die Medien und die Leute, die sie betreiben, für sich einen eigenen Status der Autorität geschaffen, den der Alles-Wissenden und Immer-recht-Habenden. Sie haben auch tatsächlich immer recht, allerdings nur so lange, bis wir darangehen, selbst zu überprüfen, was auch für uns richtig ist.

Darüber hinaus sollten wir nicht vergessen: Auch die Medien selbst sind Produkte, die sich uns verkaufen wollen. Und die Grundsätze, nach denen sie dabei vorgehen, sind genau dieselben, die Victor O. Schwab seinem Buch über die Methoden der Werbung vorangestellt hat.
Was können wir daraus folgern?
Wir können daraus folgern, daß immer und überall, von den Medien bis zu den Ladentischen in jedem Geschäft, ein Unterschied besteht zwischen dem Produkt selbst und seinem Wert für uns und dem Inhalt der Anpreisungen, mit denen es uns verkauft werden soll.

Gegner Nummer 6 – Die Familie

Es ist ganz natürlich, daß Sie sich an dieser Stelle erst einmal fragen: »Was, meine Familie soll für mich auch ein Gegner sein?«
Natürlich ist es so, auch wenn Sie es vorerst nicht mit einem so harten Wort bezeichnen würden. Aber ich habe selbst erst heute abend wieder eine Kostprobe davon abbekommen.
Mein dreijähriger Sohn kam plärrend die Stufen zu meinem Arbeitszimmer heraufgestiegen. Mit der einen Hand fuchtelte er wild um sich, in der anderen hielt er eine abgeschälte Banane. Es dauerte einige Zeit, bis ich herausfand, was er mir klarmachen wollte, während dicke Tränen seine Wangen herunterkullerten.
Es stellte sich heraus, daß er statt der Banane lieber ein schönes Stück Schokolade gegessen hätte. Seine Mutter war allerdings der Meinung, daß ihm Vitamine viel besser täten als das »süße Zeugs, das nur deine Zähne kaputtmacht«.
Ich dachte ebenfalls, daß die Banane für den kleinen Schreihals gesünder sei. Das versuchte ich ihm auch klarzumachen. Wenn Sie selbst Kinder haben, werden Sie ahnen, wieviel Überzeugungskraft solche Argumente bei einem Kind haben.
Da sagte ich, für ihn völlig unerwartet: »Na gut, wenn du diese verflixte Banane nicht essen willst, dann laß doch wenigstens mich einmal davon abbeißen.« Die Aufforderung überraschte ihn so sehr, daß er zunächst einmal zu heulen aufhörte und das Ding, instinktiv besitzergreifend, an seine Brust drückte. Er guckte mich mit großen Augen an, als wollte er fragen: »Was ist denn mit dir los? Willst du mich wirklich nicht mehr weiter zwingen, das zu tun, was ich nicht tun will?«
Schließlich streckte er mir die Banane hin, ich biß herzhaft ab und kaute zufrieden, während ich mich nicht mehr weiter um ihn kümmerte. Da dachte er wohl, daß die Banane vielleicht wirklich gar nicht so schlecht für ihn sei und zog sich bald schmatzend und zufrieden in eine Ecke zurück.
Möglicherweise war damit sein Bedürfnis nach Beachtetwerden befriedigt, nachdem er Mutter und Vater gezwungen hatte, sich mit ihm und seinem Problem zu beschäftigen.
Ein unbedeutendes Alltagserlebnis, werden Sie jetzt sagen und haben vollkommen recht damit. Aber der Alltag ist nun einmal das weiteste Feld im Spiel der gegenseitigen Manipulation. Und was taten wir denn da in unserer kleinen Familie anderes:

- Der Junge wollte seine Schokolade haben. Sein Wunsch wurde nicht erfüllt.
- Seine Mutter wollte, daß er statt der Schokolade eine Banane ißt.
- Der Junge aber wollte Anerkennung seines Wunsches. Er hatte nicht die Macht und die Mittel, sich mit seinem Wunsch durchzusetzen. Also griff er zu der Methode, die ihm zur Verfügung stand: Er plärrte.
- Außerdem suchte er sich in mir einen Verbündeten, der ihm helfen sollte, seinen Wunsch durchzusetzen.
- Ich hätte nun meinerseits meine Autorität einsetzen und ihn auf irgendeine Weise zwingen können, die Banane zu essen. Da ich aber ahnte, daß ich damit nur einen bedingten Erfolg erringen, ihn aber keinesfalls überzeugen würde, wandte ich eine andere Methode an.
- Der Junge schien dadurch in seinem Aufmerksamkeitsbedürfnis befriedigt.
- Ich war meinerseits in meiner Autorität als überlegen handelnder Vater bestätigt und zufrieden.
- Meine Frau war jedenfalls nicht unzufrieden, weil ich ihr die Lösung des Problems abgenommen und sie dadurch nicht in Schwierigkeiten gebracht hatte.
- Außerdem hatte ich mein Image meiner Frau gegenüber gewahrt.

Es war ein kleines manipulatives Spielchen in neun Zügen, das zur Zufriedenheit aller Beteiligten endete. Überdenken Sie nun einmal selbst den vermutlichen Ausgang dieses Spielchens, falls ich meinen Sohn nicht ein bißchen manipuliert, sondern ihn gezwungen hätte, diese verdammte Banane gegen seinen Willen zu essen.

Lassen Sie mich Ihnen abschließend nur noch die eine Frage stellen: Stimmt es nicht, daß in diesem manipulativen Spiel innerhalb unserer Familie jeder der Gegner des anderen war?

Ich muß Ihnen überhaupt sagen, daß ich nicht nur während meiner zwanzigjährigen Tätigkeit als Journalist, Werbetexter, Public-Relations-Berater und Fernsehautor, sondern auch von meiner Frau und meinen Kindern sehr viel über das Thema »Manipulation« gelernt habe.

Ich habe vor allem gelernt, daß nahezu überhaupt kein Unterschied darin besteht, wie Politiker ihre Wähler, Autofirmen ihre Kunden oder Eltern ihre Kinder – oder umgekehrt – dazu bringen können, das zu tun, was sie möchten, daß sie es tun.

Deshalb sollten wir alle die Ehrfurcht vor den professionellen Manipulanten ablegen und auch aufhören zu glauben, Manipulation sei etwas höchst Suspektes, dessen zu bedienen man sich hüten muß.

Warum auch?

Wir alle versuchen es ja seit Kindheit an. Wir versuchen es mit mehr oder weniger Erfolg. Es ist also durchaus gerechtfertigt, wenn wir darangehen, diese Fähigkeit gründlicher zu erforschen und weiterzuentwickeln.

Zweites Manipulationsgesetz

Wer nicht auf sich aufmerksam macht, darf nicht erwarten, daß man ihn anhört. Wer nicht erreicht, daß man ihn anhört, hat keine Chance, sich durchzusetzen und andere zu seinem Vorteil zu beeinflussen.
Wer das tut, was »man« tut, um nicht aufzufallen, wird auch nicht auffallen. Wer die Angst vor dem Auffallen nicht bewältigt und das Risiko nicht auf sich nehmen will, etwas vergeblich oder etwas Falsches zu tun, nimmt die Chance nicht wahr, sich durchzusetzen.
Der erste Schritt, sich durchzusetzen, ist deshalb, initiativ zu sein und auf sich aufmerksam zu machen. Es gibt folgende sechs besonders wirkungsvolle Methoden, auf sich aufmerksam zu machen:

1. Das Gegenteil von dem tun, was man erwartet.
2. Die gezielte Schmeichelei.
3. Die gezielte Provokation.
4. Das überlegene Wissen.
5. Die Umweg-Methode.
6. Die Stehaufmännchen-Methode.

Viele Menschen scheitern bei der Erfüllung ihrer Wünsche, Ideen und Bedürfnisse daran, daß sie nicht imstande sind, zur rechten Zeit den ersten Schritt zu tun.
Der erste Schritt, das bedeutet, andere auf sich aufmerksam zu machen. Sie zu zwingen, einen zur Kenntnis zu nehmen und anzuhören.
Der erste Schritt, das ist auch die Entscheidung, sich aus der Passivität zu lösen und aktiv zu werden. Ein Risiko einzugehen. Handeln statt immer nur abzuwarten.
Ich kenne eine Menge großartiger, fähiger Leute, die schon in jungen Jahren resignieren. Sie warten ergeben darauf, daß irgend jemand kommt und ihnen eine Chance gibt. Sie hoffen auf den berühmten Zufall, der ihr Leben zum Besseren verändert.
Sie warten an ihren Arbeitsplätzen. Sie warten in ihren Ehen, bis sich das Verhältnis zum Partner wieder bessert. Sie warten in Wartezimmern, bis sie aufgerufen werden, oder bis sich im Restaurant der Kellner Zeit nimmt, sie nach ihren Wünschen zu fragen.
Sie haben tausend wunderschöne Entschuldigungen dafür, daß sie ihr Schicksal nicht selbst in die Hand nehmen. Sie sagen: »Ich tu' ja, was ich kann. Aber man beachtet mich nicht.« Sie sagen: »Ich möchte schon, aber ich weiß nicht wie.« Sie bauen ein ewiges »Aber« vor sich auf wie eine mächtige Mauer, die sie ständig daran hindert, den ersten Schritt heraus aus der Masse der ewig Wartenden zu tun. Als ich noch zur Schule ging, es war einige Jahre nach Kriegsende, veranstaltete die amerikanische Tageszeitung *New York Herald Tribune* in zahlreichen Ländern einen Aufsatzwettbewerb für 15- bis 17jährige. Dem Sieger aus jedem Lande winkte ein einmonatiger Aufenthalt in New York.
Natürlich wären wir in unserer Klasse gerne alle einmal gratis nach New York geflogen. Aber als es darum ging, den ersten Schritt zu machen und die Chance wahrzunehmen, fanden alle: »Ich möchte schon, aber bei so einer Sache habe ich ja doch keine Chance.« Nur ein einziger, sein Name war Gerhard Andlinger, hatte dieses verhängnisvolle Wörtchen »aber« nicht in seinem Vokabular. Er schrieb unter 4000 Bewerbern den besten Aufsatz und fuhr in die Vereinigten Staaten. Dort lernte er ein wohlhabendes, kinderloses Ehepaar kennen, das ihm später das Studium an der berühmten Princeton-Universität finanzierte. Heute ist dieser Gerhard Andlinger mehrfacher Millionär und bewohnt mit seiner Familie eine der schönsten Penthouse-Wohnungen von New York.

Dieses Beispiel ist eine eindrucksvolle Antwort auf die Frage: »Wie macht man auf sich aufmerksam?« Ganz einfach: Indem man etwas tut und nicht wartet, bis andere vielleicht etwas für einen tun.
Das zweite Manipulationsgesetz besagt deshalb vor allem das eine: Wenn Sie wollen, daß andere auf Sie aufmerksam werden, dann müssen Sie den Schritt vom Warten zum Handeln machen.
Es kann der Schritt sein, der vielleicht Ihr Leben zum Besseren ändert.

Ehe Sie das nächste Mal ein Restaurant betreten, sollten Sie einige Überlegungen anstellen

Stellen Sie sich vor, Sie betreten ein Restaurant, suchen sich einen freien Tisch und setzen sich hin. Dann warten Sie, bis der Kellner kommt und Ihnen die Speisekarte bringt. Der Kellner kommt, nachdem Sie eine Weile geduldig dagesessen haben. Sie verlangen die Karte, und er bringt sie Ihnen. Abwartend bleibt er vor Ihnen stehen, in den Händen Block und Bleistift, um Ihnen geziemend zu signalisieren, daß er es eilig habe. Das macht Sie nervös, deshalb sagen Sie ihm, daß er doch etwas später wiederkommen möchte, wenn Sie gewählt haben.
Sie entscheiden sich schließlich für Hortobagyer Rostbraten, der mit Grießnockerln als Zutat angeboten wird. Grießnockerln mögen Sie aber nicht.
Als der Kellner nach einiger Zeit wiederkommt, bestellen Sie den Rostbraten, aber nicht mit Grießnockerln, sondern mit Reis. Der Kellner jedoch bedauert und meint, er könne nur bringen, was auf der Karte steht. Sie geben sich damit nicht zufrieden, und nachdem Sie einigen Unmut geäußert haben, erklärt er sich dazu bereit, in die Küche zu gehen, um den Koch zu fragen. Er rauscht ab, und Sie sitzen wieder da und warten, ohne zu wissen, ob Sie die Mahlzeit bekommen, wie Sie sie haben möchten.
Wenn wir es genau betrachten, haben Sie bis jetzt die meiste Zeit Ihres Aufenthaltes in dem Lokal mit Warten zugebracht. Zudem sind Sie verärgert, weil nicht alles nach Ihren Wünschen verläuft. Sie werden aber noch viel ärgerlicher sein, wenn der Kellner – wieder nach einiger Zeit des Wartens – zurückkommt und mitteilt, daß er tatsächlich nur Grießnockerln zum Hortobagyer Rostbraten servieren kann.
Dabei wissen Sie gar nicht, ob er sich tatsächlich beim Koch für Sie eingesetzt hat. Vielleicht schiebt er den Koch nur vor, weil er selbst einfach keine Lust hat, für Sie eine Ausnahme zu machen.
Um ganz ehrlich zu sein: Er hatte auch gar keinen Grund dazu, für Sie eine Ausnahme zu machen. Warum nicht, werden Sie sagen, Sie bezahlen ja schließlich dafür! Dabei geht es hier um etwas ganz anderes, um etwas, das mit Geld nur sehr wenig zu tun hat. Es geht ganz einfach darum, daß sie versäumt haben, den Kellner im richtigen Augenblick auf sich aufmerksam zu machen und für sich zu gewinnen.
Betrachten wir doch einmal den Ablauf der Konfrontation zwischen Ihnen und dem Kellner aus der Sicht des Gegner-Prinzips, das wir im ersten Manipulationsgesetz kennengelernt haben.

Auf der einen Seite stehen Sie. Sie kommen in das Lokal in der Absicht, möglichst rasch und ohne große Komplikationen das zu essen, was Sie gerne essen möchten. An diesem Mittag sind es nicht die Grießnockerln, es ist der Reis.
Auf der anderen Seite steht der Kellner, ihr Gegner. Er will sich seinen harten Job so gestalten, wie es für ihn am einfachsten ist. Er hat nicht gerne Gäste, die mit Sonderwünschen kommen. Das kostet Zeit und zusätzlichen Aufwand, und gerade dies will er vermeiden.
Im Grunde genommen ist es ihm egal, ob Ihnen das Essen schmeckt oder nicht, sein ungestörter Arbeitsrhythmus interessiert ihn viel mehr. Er versucht deshalb, Ihnen diesen Rhythmus aufzuzwingen.
Das ist die typische Ausgangsbasis für eine alltägliche manipulative Spielsituation. Die Frage ist nun: Wer von Ihnen beiden setzt sich durch. Wer zwingt dem anderen seine Gangart auf. Wer macht im Manöver des Sich-Durchsetzens den ersten Schritt, der ihn seinem Ziel näherbringt?
Zwei Momente sind es, die man dabei beachten muß:

- Wann ist er richtige Augenblick, in dem Sie den Kellner so beeinflussen können, daß er bereit ist, für Sie eine Ausnahme zu machen?
- Was tun Sie?

In unserem konstruierten Beispiel ist bemerkenswert, daß Sie grundsätzlich die Haltung eines Warte-Menschen eingenommen und beibehalten haben, bis sich ein nicht vorausschaubares Problem ganz von selbst ergeben hat. Zu diesem Zeitpunkt hatten Sie dem Kellner gegenüber noch überhaupt keinen Vorteil in der Hand, den Sie hätten ausspielen können. Er dagegen war in der günstigeren Situation. Ihm machte es ja wenig aus, Sie noch ein Weilchen warten zu lassen, währenddessen sich Ihr Ärger in einem Maße steigerte, daß Sie bald gar nicht mehr so sehr an das Essen dachten als an das mangelnde Entgegenkommen des Kellners.
Sehen wir uns nun noch einmal den Ablauf des Geschehens an und prüfen wir, wann was hätte geschehen können:

1. Sie betreten das Lokal. – Anstatt sich hinzusetzen, suchen Sie sofort Kontakt mit dem Kellner. Sie warten nicht, sondern gehen auf ihn zu und fragen ihn, wo ein guter Tisch für Sie frei ist. Wenn er weggeht, um einen zu suchen, folgen sie ihm. Eines ist vor allem wichtig: Nicht warten, sondern dem Gegner auf den Fersen bleiben. Er darf Ihnen nicht mehr entkommen, bis Ihr Vorteil durchgesetzt ist.
   Es gibt Meister der Manipulation, die gehen in dieser Phase des manipulativen Spiels folgendermaßen vor: Sie lassen sich einen Tisch zeigen und lehnen ihn grundsätzlich erst einmal ab. Und zwar mit einigen mehr oder weniger kritischen Bemerkungen. Tatsächlich nehmen sie dann auch erst den zweiten oder dritten Tisch, den ihnen der Kellner zeigt.
   Durch solche kleinen Tricks wird dem Gegner signalisiert, daß Sie

wählerisch sind und daß es für ihn besser ist, Ihre Wünsche rasch und exakt zu erfüllen, weil Sie ihm sonst keine Ruhe mehr lassen.

2. Der Kellner bringt die Karte. – Anstatt ihn wieder fortgehen zu lassen, verwickeln Sie ihn sofort in ein Gespräch. Lassen Sie ihn einen Vorschlag machen, was Sie essen könnten. Fragen Sie ihn nach der Spezialität des Hauses. Es ist besser, ihn die Karte von oben bis unten hersagen zu lassen, als ihm eine Chance zu geben, wieder wegzugehen.
   Auch hier ist es nicht unwichtig, den Gegner auf Ihr Qualitätsbewußtsein dadurch aufmerksam zu machen, daß Sie nicht die erstbeste angebotene Speise nehmen.
3. Sie bestellen Reis. – In dieser Phase der Konfrontation sollten Sie dem Kellner eigentlich schon so imponiert haben, daß er Ihnen nicht mehr leichtfertig einen Wunsch abschlägt.
   Sollte er es doch tun, sollte er doch sagen, daß er erst den Koch fragen müßte, dann scheuen Sie sich nicht, ihm nachzurufen: »Ja, ja, reden Sie mit ihm, sonst komme ich in die Küche und tue es selbst.«
   Glauben Sie mir, der Koch wird sich alle Mühe geben, nur um Sie daran zu hindern, in der Küche herumzustehen.

Fassen Sie nun bitte diese vorgeschlagenen Möglichkeiten nicht als für jedermann gültige Normen auf, sondern als Anregung dafür, wie man verhindern kann, zur Passivität verurteilt zu werden. Dieser eine Schritt vom Warten zum bewußten Handeln macht Sie – und das ist nicht hoch genug zu werten – vom Zufall und von anderen Leuten unabhängig.

Sechs wirksame Methoden, andere auf sich aufmerksam zu machen

Sicherlich haben Sie inzwischen schon längst erkannt, daß unser Beispiel aus dem Restaurant und die bisherige Beschäftigung damit nicht allein dazu dienen sollte, Ihren nächsten Besuch in einem Lokal nun problemloser zu gestalten.

Lassen Sie uns deshalb die grundsätzliche Absicht hier kurz noch einmal zusammenfassen:

- Sie sollen sich darüber klar sein, wie wichtig es ist, selbst die Initiative zu ergreifen, statt sich immer nur auf andere zu verlassen.
- Sie sollten sich mit der Einstellung vertraut machen, daß jeder, von dem Sie einen Vorteil für sich erwarten, im Spiel der gegenseitigen Manipulation Ihr Gegner ist.
- Sie sollten verstehen, daß der andere, genauso wie Sie, seinerseits auf seinen Vorteil bedacht ist und Sie in diesem Sinne beeinflussen möchte.
- Schließlich sollten Sie erkennen, wie wichtig es ist, rechtzeitig einen entscheidenden Schritt zu machen, den Sie später auswerten können.

Wenn Sie sich über diese vier Punkte im klaren sind und in Zukunft danach handeln, wird es Ihnen nicht nur im Umgang mit Kellnern nützen. Welche möglichen Methoden des »ersten Schrittes« es gibt, lesen Sie auf den folgenden Seiten.

1. Das Gegenteil von dem tun, was man von Ihnen erwartet

Ich saß vor Jahren einmal mit einem Freund in einer nicht gerade anspruchsvollen Bar. Zu fortgeschrittener Stunde stand plötzlich ein schon ziemlich angetrunkener Bursche vom Nebentisch auf und ging drohend auf den arglos dasitzenden Pianisten zu.

Es war eine dieser Situationen, die man sonst eigentlich nur in Filmen miterlebt. Plötzlich war Spannung im Raum. Man spürte, daß etwas passieren würde. Die Gespräche verstummten, alles wartete voller Neugier. Der Gast pflanzte sich vor dem Klavierspieler auf und klappte ihm den Deckel herausfordernd vor der Nase zu. Dann hob er drohend seine rechte Faust und schrie dem Pianisten ins Gesicht: »Du bist der größte Trottel hinter einem Klavier, der mir in meinem ganzen Leben untergekommen ist.« Offensichtlich wollte der Mann seine aufgestauten Aggressionen unter dem Einfluß des Alkohols an irgend jemanden abreagieren.

Der Musiker war ein hochgewachsener, blonder Kerl mit breiten Schultern, ich dachte deshalb, daß er nun sicherlich aufspringen und seinem wenigstens um einen Kopf kleineren Herausforderer eine herunterhauen würde.

Aber das tat er nicht. Er blieb ganz ruhig sitzen, lächelte sehr verständnisvoll und sagte dann freundlich: »Ich bin also Ihrer Meinung nach ein Riesentrottel. Bitte schön. Aber was ist das schon?«

Dann klappte er den Deckel wieder hoch und klimperte wie abwesend vor sich hin.

Ich gebe zu, daß ich nicht ungern bei einer ordentlichen Keilerei zugeschaut hätte. Sie wäre mir aber sicherlich nicht so eindrucksvoll in Erinnerung geblieben wie dieser Verlauf einer Provokation. Die Zuschauer brüllten vor Lachen, einige applaudierten sogar. Der streitbare Gast wußte vorerst nicht, wie er sich in dieser Situation verhalten sollte, bis er sich entschloß, an der Bar noch einen Whisky zu bestellen.

Was war geschehen? Der Pianist hatte das Gegenteil von dem getan, was sein Gegner von ihm erwartet hatte, und brachte ihn damit völlig aus der Fassung.

Wir alle befinden uns fast täglich auf irgendeine Weise in ähnlichen Situationen. Und wir alle haben uns angewöhnt, dabei nach allgemein eingefahrenen Klischees zu reagieren.

- Auf Angriff mit Gegenangriff.
- Auf Beschuldigung mit Verteidigung.
- Auf Fehlverhalten eines anderen mit Kritik.
- In Gegenwart von sogenannten höhergestellten Personen mit Ehrfurcht und Respekt.
- Auf Niederlagen mit Niedergeschlagenheit.

Wir reagieren so, wie die meisten anderen auch reagieren würden. Das ist ein enormer Vorteil für alle, die uns zu ihrem Nutzen manipulieren wollen. Unsere Reaktion in der Masse wird für sie im voraus berechenbar. Und wir als einzelne fallen in der Masse überhaupt nicht auf. Um so mehr werden wir deshalb beachtet, wenn wir das Unerwartete, das Überraschende tun.

Es gibt ein paar Leute, die scheinen den Sinn für das Originelle, für geistreiche Pointen und überraschende Effekte mit in die Wiege gelegt bekommen zu haben. Wo sie auftreten, richten sich die Blicke auf sie. Was sie tun und sagen, kommt an. Einige verdienen mit dieser Fähigkeit eine Menge Geld.

Aber was tun wir anderen, denen Originalität nicht angeboren ist? Müssen wir von vornherein darauf verzichten, auf diese Weise die Aufmerksamkeit auf uns zu lenken?

Durchaus nicht. Es gibt eine einfache Faustregel, nach der wir uns richten können. Sie steht am Beginn dieses Abschnitts, aber man kann sie gar

nicht oft genug wiederholen. Sie lautet: Das Gegenteil von dem tun, was man erwartet.
Beispielsweise:

- Wenn jemand Sie kritisiert, verteidigen Sie sich nicht sofort. Sagen Sie vielmehr: »Ja, ja, an Ihrer Kritik ist etwas dran. Erklären Sie mir doch genauer, wie Sie zu Ihrer Meinung kommen, vielleicht kann ich daraus etwas lernen.«
- Wenn Sie selbst mit dem Vorgehen eines anderen nicht einverstanden sind, sagen Sie nicht einfach: »Was du da gemacht hast, ist Mist. Das paßt mir überhaupt nicht.« Sagen Sie: »Du hast das Beste aus der Sache herausgeholt. In einem Punkt ist es vielleicht nicht ganz optimal gelungen.«
- Wenn Sie selbst einen Fehler gemacht haben, versuchen Sie erst gar nicht, ihn dem anderen gegenüber zu beschönigen. Geben Sie ihn ganz offen zu und übertreiben Sie dabei sogar noch ein bißchen, bis der andere von sich aus sagt: »Na, so arg war's ja gar nicht.«

Wohlgemerkt: Es geht dabei nicht darum, ein paar gefällige Floskeln des Wohlverhaltens an den Tag zu legen. Es geht darum, sich durch ein gezieltes manipulatives Manöver die Ausgangsposition für ein weiteres Vorgehen zum eigenen Vorteil zu sichern. Dazu brauchen Sie die Aufmerksamkeit des anderen, des Gegners im manipulativen Spiel. Sie müssen ihm durch Anders-Verhalten imponieren.

2. Die gezielte Schmeichelei

Von den sechs hier angeführten Methoden des Auf-sich-aufmerksam-Machens ist die gezielte Schmeichelei wohl jene, die am einfachsten anzuwenden ist und die wie kaum eine andere zu prompten Ergebnissen führt.
Es gibt allerdings sehr viele Leute, die Schmeichelei grundsätzlich als etwas ablehnen, das ihrer nicht würdig ist. Sie stehen auf dem Standpunkt: Wenn ich recht habe, habe ich recht, da brauche ich um niemanden zu buhlen. »Ich habe schließlich auch meinen Stolz«, sagen sie.
Seinen Stolz zu haben, das ist natürlich jedermanns gutes Recht. Selbstverständlich ist es auch jedermanns Recht, würdig und stolz mit seiner Umwelt in Fehde zu liegen, weil sie ihn halt einfach nicht verstehen will. Es muß allerdings auch hier gesagt werden, daß in unserem Falle die Schmeichelei nicht als eine unterwürfige Art von Höflichkeit zu verstehen ist, sondern als gezielt angewandte Methode der Manipulation. Es soll damit eine Basis der positiven Einstellung erzielt werden, von der aus wir weiter unser gestecktes Ziel verfolgen können.
Ein typisches Beispiel dafür, wie wirksam diese Methode sein kann, ist

die Werbung auf dem Waschmittelsektor. Millionen Frauen unterliegen seit vielen Jahren der Suggestion, sie seien vorbildliche Hausfrauen und Mütter, weil sie die Wäsche ihrer Familie mit einem ganz bestimmten Weißmacher behandeln. Mit Millionen an Werbeaufwand ist es Firmen gelungen, den Kundinnen einzureden, sie seien nur dann gute Hausfrauen, wenn ihre Wäsche besonders weiß ist. Dabei gibt es keinen ersichtlichen Grund dafür, warum Wäsche noch weißer als weiß sein sollte. Die einfache Methode, mit der die Firmen vorgehen, ist nichts anderes als die Schmeichelei: »Du bist eine vorbildliche Hausfrau, weil du eine besonders weiße Wäsche hast.« Sehr häufig wird auch in der Werbung eine »gute« Hausfrau einer anderen, einer »unwissenden« gegenübergestellt, deren Wäsche grau und fleckig ist.

Aber Lob und Schmeichelei als gezielte Manipulation sind keinesfalls nur in der kommerziellen Werbung wirksam. Wenn wir es genau betrachten, beruht auch unser bisheriges Erziehungssystem größtenteils darauf. Lob und Schmeichelei dienen in Verbindung mit Tadel und Strafandrohung dazu, die Menschen zu Einordnung und Leistung anzuhalten.

Ein Lehrer beispielsweise, der den Schüler A lobt, weil er besonders brav war, bindet damit den Gelobten an sich und sein Ordnungsprinzip. Der Schüler wird sich durch dieses Lob den anderen überlegen fühlen und denken: »Der Lehrer ist prima, er versteht mich und zeichnet mich vor den anderen aus.« Er wird versuchen, diesem Lob auch in Zukunft gerecht zu werden.

Andererseits hat der Lehrer durch sein Lob den Schüler A den anderen als Vorbild hingestellt, dem sie nacheifern sollen, wenn sie auch gelobt werden und die ersehnte Aufmerksamkeit auf sich lenken möchten.

Sie alle kennen die Formel: »Herr B. erhält für vorbildliches Verhalten ...« Wir lesen sie in Zeitungen, auf Anschlagbrettern und hören sie immer wieder, wo wir auch arbeiten. Belobigungen, Prämien, Orden, Medaillen – alles das sind nichts anderes als gezielte Schmeicheleien, nach denen in allen von uns ein unstillbares Bedürfnis vorhanden zu sein scheint.

Warum, so frage ich Sie, sollten wir selbst uns nicht dieser altbewährten einfachen Methode bei der Erreichung unserer Ziele bedienen? Denn eines steht außer Zweifel: Die Leute, die uns mit Lob schmeicheln und für ihre Absichten gefügig machen wollen, sind für Schmeichelei genauso empfänglich wie wir.

Wenn Sie es nicht glauben, wenn Sie meinen, eine Schmeichelei sei sicherlich die abgedroschenste, primitivste Form eines Versuches, jemanden zu beeinflussen, dann probieren Sie es doch selbst aus.

Hier ein paar Hinweise:

- Sagen Sie jemandem grundlos und völlig unvermittelt, wie gut er heute aussehe.

- Bringen Sie einer Frau Blumen, wenn sie es am allerwenigsten erwartet.
- Sagen Sie Ihrem Chef, er sei der Größte, und Sie seien froh, für ihn arbeiten zu dürfen.
- Sagen Sie einem mürrischen Schalterbeamten, daß Sie ihn wegen seines vollen Haarwuchses beneiden.

Alles plumpe Schmeicheleien, zugegeben. Aber wenn Sie ganz ehrlich sind, dann fallen Sie selbst immer wieder darauf herein. Hier sollen Sie ja nichts weiter tun, als einmal auszuprobieren, wie die anderen darauf reagieren. Vielleicht gewinnen Sie daraus ein paar praktische Erkenntnisse, die Ihnen mehr über das Wesen der Manipulation sagen als alles, was Sie bisher darüber gelesen haben.

3. Die gezielte Provokation

Vorhin Schmeichelei, jetzt Provokation, werden Sie vielleicht sagen, was ist besser, was soll ich nun eigentlich wirklich tun? Antwort: Wählen Sie für jede manipulative Aktion die Ihrem Gegner entsprechende Methode. Sie sollen auf der Klaviatur der Möglichkeiten spielen wie auf einem Klavier. Sie sollen jeweils jene Musik machen, die Ihren eigenen Fähigkeiten und Ihrer Mentalität liegt. Sie sollen sich dem Gegner, der Situation und Ihrem Ziel anpassen. Nur eines sollen Sie nicht – oder von nun an nicht mehr –, und das ist warten, bis andere Ihnen das Gesetz des Handelns aufzwingen.

Lassen Sie uns hier wieder ein paar grundsätzliche Überlegungen anstellen, die für das Verständnis der Zusammenhänge wichtig sind:

- Sie verfolgen eine bestimmte Zielvorstellung und wollen jemand anderen davon überzeugen.
- Wenn Sie das gesetzte Ziel erreichen wollen, dürfen Sie es nicht dem Zufall überlassen, Sie müssen selbst die Initiative ergreifen.
- Sie fragen sich: Wer sind meine Gegner, die ich so beeinflussen muß, daß sie mir zur Erreichung meines Zieles verhelfen?
- Wenn es mehrere Gegner sind, fassen Sie vorerst jenen ins Auge, mit dessen Hilfe Sie die erste Etappe auf Ihrem Weg zum Ziel bewältigen wollen.
- Ihr erster Schritt ist es, ihn auf Sie aufmerksam zu machen.
- Sie fragen sich: Welche Methode wende ich dabei an. Ihre Entscheidung wird von verschiedenen Voraussetzungen abhängen. Diese Voraussetzungen sind:
  1. Die Person des Gegners.
  2. Die Situation bei Ihrer Konfrontation.
  3. Ihre eigene Position.

Hier ist der Punkt, wo Sie entscheiden müssen, ob der provokante Widerspruch die richtige Methode zur Erringung der Aufmerksamkeit Ihres Gegners ist.
Es gibt ungezählte Arten von Provokation, vom einfachen »Nein«, wenn der Gegner ein »Ja« erwartet, bis zur gezielten Beschimpfung.
Während die Schmeichelei dazu dienen kann, den Gegner in Sicherheit zu wiegen, bewirkt die gezielte Provokation beim Gegner eine Verunsicherung. Hier ein Beispiel:
Es gibt Ehefrauen, die sich ihrer Männer absolut sicher fühlen. *Sie* tut so, als wäre *er* ihr hoffnungslos ausgeliefert, und sie nützt diese Situation auch aus. Sie beutet ihn aus, sie demütigt ihn – sicherlich kennen Sie solche Fälle aus Ihrem Bekanntenkreis.
Wenn der Mann nicht zur rechten Zeit eine Maßnahme ergreift, mit der er seine gleichwertige Position zurückerobert, wird ihm sehr bald nichts anderes mehr übrigbleiben als die ergebene Resignation in sein Schicksal. Oder die Flucht.
Ich kenne einen Fall, in dem die Frau sich bei ihrem Mann zehn Jahre lang immer wieder in entscheidenden Dingen durchsetzte, weil sie ihm ein-, zweimal im Jahr damit drohte, sich scheiden zu lassen. Oder sie fing an, ihre Koffer zu packen, um – wie sie sagte – auszuziehen und ihn mit den Kindern allein zu lassen. Es kostete den armen Teufel stets große Anstrengungen, sie von ihren Absichten wieder abzubringen.
Bis er eines Tages folgendes tat: Als sie wieder einmal unter Einsatz ihres ganzen, Ehefrauen in besonders hohem Maße eigenen Talents für dramatische Szenen die Koffer packte, um sich scheiden zu lassen, sagte er bloß in aller Ruhe: »Mein Schatz, ich habe es mir überlegt. Die Scheidung ist wirklich der beste Weg, um unser Problem zu bereinigen.« Und er machte sich daran, ihr beim Packen behilflich zu sein.
Inzwischen sind weitere sechs Jahre ins Land gegangen, die beiden sind noch immer verheiratet und führen eine der besten Ehen, die ich kenne. Müßig zu sagen, daß von Scheidung seither nie mehr die Rede war.
Dies ist ein Beispiel dafür, wie Provokation dazu dienen kann, Provokation zu neutralisieren. Denn zweifellos war das, was die Frau tat, auch nichts anderes als geschickt angewandte Provokation. In Wahrheit hatte sie nie die Absicht, sich scheiden zu lassen, sonst hätte sie es ja schon längst getan. Sie wollte ihren Mann nur verunsichern. Sie wollte ihm nur signalisieren: Wenn du nicht nachgibst, tue ich etwas, was dir sehr unangenehm sein wird.
Und was tat er? Er redete ihr zu, er gab nach, er schmeichelte ihr, bis sie wieder nachgab – nicht, ohne die unausgesprochene Drohung: »Also gut, ich bleibe. Aber wenn du wieder einmal nicht tust, was ich will, dann mache ich Ernst.«
Sie sehen, dies ist auch ein Beispiel dafür, wie die gezielte Provokation

(von ihr) der Schmeichelei überlegen sein kann (von ihm). Während die Provokation als Gegenaktion (von ihm) zum Erfolg führt.
Entscheidend dabei ist natürlich die Bereitschaft, ein gewisses Risiko einzugehen. Der Mann wußte ja nicht genau, ob sie sich nicht wirklich scheiden lassen wollte, oder ob sie nur blufft. Andererseits wußte *sie* bei ihrer ersten Scheidungsdrohung nicht, ob *er* nicht sofort damit einverstanden sein würde. Erst als er immer wieder nachgab, wurde sie ihrer Sache sicher.
Jedenfalls zeigt dieses Beispiel, wie eine gezielte Provokation oder Gegen-Provokation dazu dienen kann, sich dem Partner gegenüber zu behaupten und das einseitig festgefahrene Verhältnis neu zu beleben. Sie sehen an diesem Beispiel auch, daß die gezielte Provokation und der Bluff nicht sehr voneinander verschieden sind.
Wichtig dabei ist, und das kann nicht oft genug betont werden, daß die Provokation, von der hier die Rede ist, nichts mit Emotion und emotionaler Aggression zu tun hat. Selbstverständlich werden Sie hin und wieder jemanden beschimpfen oder beleidigen, nur um eine aufgestaute Aggression loszuwerden. Sie werden losbrüllen, mit der Faust auf den Tisch schlagen und nachher von einer Last befreit sein. Diese absolut legitime Art der seelischen Hygiene durch Aggressionsentladung hat jedoch nichts mit der hier gemeinten Provokation zu tun, bei der die Betonung immer auf dem ergänzenden Beiwort »gezielt« liegen muß.
Sie sollen also an dieser Stelle ein paar Minuten innehalten und Ihre Beziehungen zu den Personen überdenken, mit denen Sie täglich zu tun haben. Tun Sie es, indem Sie sich fragen, welche dieser Beziehungen vielleicht schon seit geraumer Zeit festgefahren sind, und zwar zum Vorteil des anderen.
Überlegen Sie dabei, ob Sie nicht an dieser Situation dadurch selbst schuld sind, weil Sie sich durch den anderen provozieren ließen und aus Angst immer wieder nachgegeben haben.

4. Das überlegene Wissen

Stellen Sie sich einmal folgende Situation vor:
Vier Vertreter bemühen sich, mit dem Industriellen K. ins Geschäft zu kommen. Er ist bekannt als harter Geschäftsmann, mit einem gefürchteten Zynismus im Umgang mit Partnern und Mitarbeitern. Außerdem ist er verbittert durch die Scheidung von seiner Frau, die mit einem Jüngeren durchbrannte. Vor drei Jahren verlor er außerdem den Sohn bei einem Verkehrsunfall.
Die vier Leute, die auf den Abschluß scharf sind, haben sich alle sorgfältig auf das Gespräch mit diesem Mann vorbereitet. Sie alle bringen umfas-

sende Unterlagen mit und verstehen es ausgezeichnet, sie zu interpretieren.

Einer der Bewerber weiß darüber hinaus, daß K. ein geradezu fanatischer Verehrer der Werke des Malers W. ist, von dem er ein Bild in seinem Büro hängen hat. Der Bewerber hat deshalb Leben und Werk des Malers W. ebenso gründlich studiert wie die geschäftlichen Vorschläge, die er unterbreiten will.

Nach der Begrüßung und dem einleitenden gegenseitigen Kennenlernen bringt der Bewerber im Büro K. das Gespräch ganz zufällig auf das bewußte Bild an der Wand. Er macht einige Andeutungen über seinen Wert und zählt mehrere Werke des Malers auf, die in verschiedenen Galerien und Museen in aller Welt hängen. Er weiß auch, daß W. dafür bekannt war, eine ganz bestimmte Technik der Farbmischung verwendet zu haben.

Alles in allem: Es wurde während der ganzen Zeit des Beisammenseins mehr über Malerei gesprochen als über das Geschäft.

Es braucht nicht besonders betont zu werden, welcher von den Vertretern dieses Geschäft machte. Zu sagen bleibt nur, daß diese Geschichte nicht erfunden ist und daß jener Bewerber heute selbst in der Firma von K. in leitender Position tätig ist.

Aufmerksamkeit erregen durch überlegenes Wissen war in diesem Fall eine Mischung der Methoden »Gezielte Schmeichelei« und »Das Gegenteil von dem tun, was man erwartet«, nur auf eine von Ihnen anspruchsvollere Weise.

Es erfordert einige Vorarbeit außerhalb des üblichen Rahmens, nämlich das Einholen von Informationen über den Gegner. Aber ist das etwas so Außergewöhnliches?

Ehe gewiegte Werbeleute und Propagandisten eine Werbekampagne entwickeln, studieren sie erst einmal die potentiellen Kunden, die sie ansprechen wollen. Jeder Erzeuger eines Produkts erforscht die Bedürfnisse, vor allem aber die Kaufgewohnheiten seiner Käufer, ehe er darangeht, diese Gewohnheiten für sich auszunützen. Gar nicht zu sprechen von den Militärs, die in Krieg und Frieden ihre Gegner genau studieren, um im Ernstfall ihre Schwächen zu kennen.

Nur wir, die Nicht-Professionellen im Spiel der Manipulation, verlassen uns allzuoft auf den Zufall und darauf, daß uns im Augenblick der Konfrontation schon irgend etwas Wirkungsvolles einfällt. Damit aber überlassen wir auch den Erfolg dem Zufall.

Die Methode des überlegenen Wissens setzt deshalb das rechtzeitige Studium des Gegners voraus, das Sammeln von Informationen. Wenn es notwendig ist, schon lange, ehe wir zur Konfrontation antreten.

Hier sind einige Hinweise darauf, welche Arten von Informationen uns von Nutzen sein können:

1. Geburtsdatum, Sternbild und Kinder.
2. Besondere Liebhabereien.
3. Der persönliche und berufliche Werdegang.
4. Zugehörigkeit zu Vereinen.
5. Der Bekanntenkreis.
6. Die Familie.

5. *Die Umweg-Methode*

Die bisher beschriebenen Methoden, andere auf sich aufmerksam zu machen, verlangen vorwiegend die direkte Konfrontation mit dem Gegner. Es gibt aber Fälle, in denen wir an eine Person herankommen wollen, die für uns auf direktem Wege nicht erreichbar ist. Es kann auch sein, daß wir diese Person überhaupt noch nicht kennen.
Angenommen, der Automechaniker M. ist mit seinem Arbeitsplatz nicht zufrieden. Er möchte mehr verdienen, bessere Arbeitsbedingungen und günstigere Aufstiegschancen haben.
Er hat eine klare Vorstellung seiner Wünsche, er besitzt auch die Fähigkeiten, größeren Ansprüchen gerecht zu werden. Nur eines fehlt ihm noch zur Veränderung seiner Situation: Er weiß nicht, wo der Arbeitgeber ist, der genau den Typ von Mechaniker sucht, den M. verkörpert. Da es ungezählte Menschen gibt, die mit ihrem Job unzufrieden sind, die genau wissen, was sie erreichen möchten, aber schließlich doch resignieren, weil sie daran scheitern, den für sie idealen Arbeitgeber auf sich aufmerksam zu machen, wollen wir die Möglichkeiten im Falle M. ausführlich behandeln.
Was tut also der Mechaniker, nachdem er den festen Entschluß gefaßt hat, sich zu verändern?

Erste Phase:
Aus vielen Möglichkeiten eine Auswahl treffen

M. liest in einem Zeitraum von etwa drei Wochen aufmerksam die Stellenangebote in den Zeitungen und prüft, ob es für ihn ein oder mehrere geeignete Angebote gibt. Sobald er eines gefunden hat, das ihm interessant erscheint, meldet er sich und führt ein persönliches Informationsgespräch mit dem Firmenchef oder dem zuständigen Abteilungsleiter.
Wenn dieser Weg nicht zum Erfolg führt, gibt er selbst ein Inserat in einer Zeitung auf. Nicht unwesentlich ist dabei, daß er die gestellte Frist von drei Wochen nicht überschreitet. Denn er sollte die Zeit des Wartens begrenzen, um sich nicht an das Abwarten zu gewöhnen und schließlich

vielleicht zu resignieren. Er sollte vielmehr von Anfang an festlegen: »Bis zu diesem Zeitpunkt warte ich, dann aber werde ich selbst aktiv.«
Er achtet darauf, daß sein Inserat möglichst am Wochenende erscheint, wenn die Leute Zeit dazu haben, Zeitungen ausführlicher als an anderen Tagen zu studieren.
Er wird seine wichtigsten Forderungen kurz und bestimmt anführen und ersuchen, man möge die Angebote an den Verlag schicken. Als Begründung für seinen Stellenwechsel wird er anführen: »Suche bessere Aufstiegs- und Verdienstmöglichkeiten.« Vielleicht wird er auch andeuten, daß er sich zur Zeit in einer gesicherten Stellung befindet.
Aus den eingehenden Angeboten wird er sich die interessant erscheinenden aussuchen und einen persönlichen Kontakt herstellen.
Wenn auch dieser Weg nicht zum Erfolg führt, wird er von sich aus die Mechanikerwerkstätten der Stadt überprüfen. Er wird Adressen aufspüren, wird sich bei Kollegen erkundigen, wird das Branchenverzeichnis durchblättern. An die Besitzer aller ihm interessant erscheinenden Betriebe schreibt er Briefe.
Sie lauten etwa:

»Sehr geehrter Herr X.!
Ich bin Automechaniker mit siebenjähriger Berufserfahrung. Mein Spezialgebiet ist... Mein bisheriger Arbeitsplatz bietet mir nicht mehr jene Aufstiegsmöglichkeiten, die ich mir meiner Leistungsfähigkeit entsprechend vorstelle. Ich suche deshalb ein neues und günstigeres Betätigungsfeld. Meine Lohnvorstellungen belaufen sich auf... Wenn Sie an einem unverbindlichen Gespräch interessiert sind, ersuche ich Sie, mir an die Adresse... postlagernd zu schreiben. Für diesen Umweg bitte ich Sie um Verständnis. Aber ich arbeite in ungekündigter Stellung und möchte meinen bisherigen Arbeitgeber nicht brüskieren.«

Der Hinweis, den Arbeitgeber nicht brüskieren zu wollen, ist nicht unbedingt ernst gemeint, sondern vorwiegend von taktischer Bedeutung. Denn es imponiert einem neuen Arbeitgeber, wenn er sieht, daß man dem alten gegenüber fair war. Er wird denken: »Dieser Mann verhält sich seinem bisherigen Chef gegenüber anständig, also wird er es mir gegenüber auch tun.«
Andererseits kann es natürlich auch der Fall sein, daß M. von sich aus daran interessiert ist, seinen bisherigen Chef auf Umwegen wissen zu lassen, daß er bessere Arbeits- und Verdienstmöglichkeiten sucht.
Wenn der Chef M. dann zur Rede stellt, streitet dieser gar nicht ab, daß er auf der Suche nach einer anderen Arbeitsstelle ist. Ganz ruhig und sachlich legt er seinen persönlichen Standpunkt dar und zeigt, daß er fest entschlossen ist, seine Vorteile wahrzunehmen. Es wäre nicht das erste

Mal, daß ein Arbeitgeber einem altbewährten Mitarbeiter erst neue Chancen bot, als dieser ihm ernsthaft mit dem Weggehen drohte.
In diesem Falle hätte M. genauso sein Ziel erreicht wie bei einem tatsächlichen Weggang: Die Aufmerksamkeit des Gegners wurde erweckt und zum eigenen Vorteil genützt.

Zweite Phase:
Entscheiden, wie man sich bei der ersten Begegnung Aufmerksamkeit verschafft.

Nehmen wir nun aber an, daß M. aus den zahlreichen Auswahlmöglichkeiten, die er sich schuf, eine ausgesucht hat. Eine persönliche Verabredung ist vereinbart. M. überlegt, welche der möglichen Methoden er anwenden kann, um bei seinem Gegner, dem potentiellen Chef, von Anfang an positive Aufmerksamkeit zu wecken und sich damit eine günstige Ausgangsbasis zu verschaffen.
Lassen Sie mich an dieser Stelle noch einmal kurz wiederholen, was Victor O. Schwab für die fünf wichtigen Stufen des Verkaufsvorgangs hält:
1. Die Aufmerksamkeit des potentiellen Käufers erregen.
2. Ihm Vorteile aufzeigen, die das Produkt für ihn hat oder haben kann.
3. Diese Vorteile beweisen.
4. Beim Käufer das Bedürfnis wecken, den Vorteil wahrzunehmen.
5. Den Käufer zum Handeln auffordern.

Genau das, was Schwab hier sagt, gilt für M. bei der Konfrontation mit seinem Gegner. Es gilt für Sie an jedem Tag und bei allem, was Sie anderen Menschen »verkaufen« wollen. Sei es ein Produkt oder eine Meinung oder gar sich selbst. Sei es, daß Sie jemanden veranlassen wollen, etwas zu tun, woraus Sie einen Vorteil ziehen können.
M. wird also Punkt für Punkt der Schwabschen Verkaufsformel auf ein Blatt Papier schreiben und sich fragen: Wie gehe ich vor?
Da uns hier vorwiegend Punkt 1, also die Erregung von Aufmerksamkeit interessiert, wird er prüfen, welche der möglichen Methoden er anwenden kann:

- Das Gegenteil von dem tun, was man erwartet.
- Die gezielte Schmeichelei.
- Die gezielte Provokation.
- Oder er wird weiter die Umweg-Methode anwenden.

Dafür allerdings müßten gewisse Voraussetzungen gegeben sein. Etwa, daß der Onkel oder irgendein anderer Verwandter oder Bekannter zufällig ein Schulfreund oder Stammtischbruder des zukünftigen Arbeitgebers ist. Oder daß er vielleicht einem Sportverein angehört.
Dann würde dieser Bekannte bei der nächsten sich bietenden Gelegenheit

seinem Freund sagen: »Hör einmal, ich kenne da einen Mann, der möchte von seiner alten Firma weggehen. Ein Klasse-Mechaniker, sage ich dir. Ich würde einmal mit ihm reden, bevor ihn dir jemand wegschnappt.« Der Freund würde dann fragen: »Wie heißt er denn?« Und wenn er den Namen erfährt, würde er sagen: »Ja, ja, der kommt ja morgen, um sich vorzustellen.« Es würde sich ein kurzes Gespräch entspinnen, das jene Aufmerksamkeit schafft, die M. für seine Begegnung mit seinem Gegner braucht.

Zusammenfassend kann man sagen: Die Umweg-Methode bedeutet nichts anderes, als andere Leute oder auch Medien – wie in unserem Falle die Zeitung – zwischenzuschalten, um an den Gegner heranzukommen und Aufmerksamkeit bei ihm zu erwecken, noch ehe wir selbst in Erscheinung treten.

6. Die Stehaufmännchen-Methode

Als ganz junger Zeitungsreporter arbeitete ich ein paar Jahre lang unter einem Chefredakteur, der Entschuldigungen für Versagen mit dem stereotypen Satz zu beantworten pflegte: »Mein lieber Freund, ein Versuch ist nichts, es zählt nur das Ergebnis.«

Dieser Satz zeigt eine der Ursachen auf, warum so viele es nicht schaffen, andere auf sich aufmerksam zu machen und sich durchzusetzen.

»Ich habe es ja versucht, aber die anderen haben mich nicht verstanden«, das ist eine häufige Entschuldigung für ungezählte Menschen, die im Leben nicht weiterkommen. Sie wälzen die Schuld ihres Mißerfolges auf die anderen ab. Lassen Sie mich einige Aussprüche zusammenstellen, die ich in den vergangenen Jahren gesammelt habe:

- Ein Lehrer: »Ich habe es versucht, den Schülern durch gutes Zureden Ordnung beizubringen. Aber es hat nichts genützt. Jetzt greife ich mit harten Strafen durch, das ist die einzige Sprache, die sie verstehen.«
- Ein Vorgesetzter: »Ich habe dem Mann fünf Mal erklärt, was er tun soll, und dann hat er doch das Verkehrte gemacht.«
- Ein Angestellter: »Ich weiß genau, daß ich im Recht bin, trotzdem hat er meinen Vorschlag abgelehnt.«
- Ein Hilfsarbeiter: »Ich wäre immer lieber Gärtner geworden, den Beruf habe ich ja gelernt. Aber als ich mich selbständig machen wollte, brachte ich das notwendige Geld nicht zusammen.«

Alle haben es versucht, aber der Erfolg blieb aus. Da haben sie eben aufgegeben. Und jeder hat eine Begründung dafür. Ich kenne eine ganze Menge Leute, die es im Finden von Argumenten für ihr Versagen zu einer wahren Meisterschaft gebracht haben. Bei manchen wird man den Eindruck nicht los, daß sie ihre Versuche überhaupt nur als Entschuldigung unternehmen, um sich nicht dem Vorwurf auszusetzen, sie hätten gar nichts getan. Sie reden sich tatsächlich ein, daß ein fehlgeschlagener Versuch, aus dem man nichts lernt, höher zu bewerten ist als gar kein Versuch. Was müssen wir daraus schließen?

Ganz einfach:

1. Wenn wir Aufmerksamkeit erregen wollen, müssen wir – mit welcher Methode wir es auch immer versuchen – darauf gefaßt sein, daß wir Fehlschläge erleiden.
2. Ein Fehlschlag ist keine Niederlage. Er zeigt uns nur, daß wir etwas falsch gemacht haben und es das nächste Mal auf eine andere Weise versuchen müssen.
3. Wir müssen uns klar darüber sein, daß es immer noch ein nächstes Mal gibt. Es liegt an uns – und ganz allein an uns –, ob wir aufgeben oder weitermachen.
4. Es nützt Ihnen überhaupt nichts, wenn Sie, um Aufmerksamkeit zu erregen, schmeicheln oder das Gegenteil von dem tun, was man erwartet. Oder wenn Sie provozieren und Informationen sammeln, ehe Sie Ihrem Gegner gegenübertreten, wenn Ihre Versuche nicht zum Ziel führen. Natürlich nützt es Ihnen auch nichts, wenn Sie Ihren Mißerfolg dadurch zu rechtfertigen suchen, daß Sie dieses Buch in die Ecke schleudern, weil Ihnen alle hier aufgezeigten Hinweise nicht helfen.

Über Ihren Erfolg wird nur entscheiden, was Sie selbst aus diesen Hinweisen machen. Wohlgemerkt: Was Sie daraus machen, und nicht, welche Versuche Sie unternehmen, um das Beste daraus zu machen.

»Ein Versuch ist nichts, es zählt nur das Ergebnis.« Dieser Satz enthält so viel Lebensweisheit, daß Sie ihn sich auf ein Stück Papier schreiben und in Ihre Brieftasche legen sollten, damit Sie ihn von Zeit zu Zeit wieder einmal lesen. Mein früherer Chefredakteur hat ihn übrigens nicht erfunden. Er stammt vielmehr von George Bernard Shaw. Man darf wohl sagen, daß dieser Mann wußte, wovon er sprach.

Er hat die Schule nur fünf Jahre lang besucht und wurde trotzdem ein berühmter Autor, der 1925 sogar den Nobelpreis für Literatur erhielt. Glauben Sie aber ja nicht, er hätte das mit einem einzigen Versuch geschafft.

Er war zuerst Schreiber in einem Geschäft und später vier Jahre lang Kassier. Dann beschloß er, von der Schriftstellerei zu leben und schrieb fünf große Romane. Er sandte sie an alle möglichen Verleger in England und in den USA. Aber von dort schickte man ihm alle Manuskripte wieder zurück.

Ließ sich Shaw von diesen Fehlschlägen entmutigen? Keinesfalls. Er wurde Theaterkritiker und fing an, die ersten Stücke zu schreiben. Aber auch sie brachten ihm nicht die Aufmerksamkeit, die er gebraucht hätte,

um von seinen Einkünften aus der Schreiberei so zu leben, wie er es sich wünschte.
Hätte er nicht wirklich Grund genug gehabt, jetzt wieder an die Kasse irgendeines Geschäftes zurückzukehren, um jede Woche regelmäßig genug Geld zu verdienen, um wenigstens nicht hungern zu müssen? Er tat es nicht.
Er ließ in seinem Bemühen nicht locker und versuchte es immer wieder. Nach 21 Jahren nahm man ihn dann endlich als Dramatiker zur Kenntnis. Nach 21 Jahren!
An diese Geschichte sollten Sie denken, wenn Sie wieder einmal in Ihrer Brieftasche den Zettel mit dem Satz sehen: »Ein Versuch ist nichts, es zählt nur das Ergebnis.« Oder wenn Sie versucht sind, anderen die Schuld zu geben, weil ein einziger Versuch, auf sich aufmerksam zu machen, nicht sofort von Erfolg gekrönt war.

Drittes Manipulationsgesetz

Man kann einem Menschen alles oder zumindest fast alles verkaufen. Voraussetzung ist, man bietet es ihm in der richtigen Verpackung an. Die Verpackung ist demnach wichtiger als der Inhalt.
Die Verpackung ist dann am wirkungsvollsten, wenn sie die Befriedigung eines Bedürfnisses oder die Lösung eines Problems verspricht, das mit dem anzubietenden Inhalt in einer erkennbaren Verbindung steht.
Es ist erfahrungsgemäß in den meisten Fällen unerheblich, ob das gegebene Versprechen später eingelöst wird. Wichtig ist, daß es gelingt, die Verantwortung für die tatsächliche Lösung des Problems auf den Gegner abzuwälzen.
Entscheidend ist schließlich, in welchem Maße im Gegner mit dem in der Verpackung enthaltenen Versprechen die Hoffnung auf die versprochene Problemlösung vertieft werden kann.

Die Verpackung ist mit dem Inhalt nicht gleichzusetzen.

Das dritte Manipulationsgesetz besagt also nicht mehr und nicht weniger als folgendes:
Verkaufen Sie einem Mitmenschen nicht einfach einen Anzug. Verkaufen Sie ihm die Befriedigung des Bedürfnisses nach modebewußtem Verhalten, das ihm bei seiner Umwelt Anerkennung einbringt.
Das Gesetz besagt weiter:
Es ist unerheblich, ob die Mitmenschen den Käufer auch tatsächlich für sein Modebewußtsein bewundern. Es genügt schon, wenn Sie es ihm so nachhaltig einreden, daß er selbst es hofft.
Das ist, werden Sie jetzt vielleicht empört ausrufen, ganz primitive Bauernfängerei. Wenn Sie unbedingt wollen, können Sie es durchaus als solche bezeichnen. Sie dürfen dabei aber nicht außer acht lassen, daß genau diese Methode eine der gängigsten und erfolgreichsten ist, auf die Sie selbst immer wieder hereinfallen. Und das in so ziemlich allen Bereichen Ihres Lebens.

- Sie tun es, wenn Sie meinen, ein Arzt erfülle schon deshalb die besten Voraussetzungen dafür, Sie von einem Leiden zu kurieren, nur weil er ein Arzt ist.
- Sie tun es, wenn Sie voraussetzen, daß ein Richter Ihnen zu Ihrem Recht verhilft, nur weil er Richter ist.
- Sie tun es, wenn Sie eine politische Partei deshalb wählen, weil Sie Lösungen für Probleme verspricht, die Sie gerne gelöst haben möchten.
- Sie tun es schließlich auch, wenn Sie darauf vertrauen, daß ein Pädagoge Ihr Kind nur deshalb erziehen kann, weil er Pädagoge ist.

Tatsächlich ist es so, daß

- der Arzt mit der Verpackung »Gesundheit« versehen ist,
- der Richter das Etikett »Gerechtigkeit« trägt,
- die politische Partei unter dem Versprechen »Wir treten für Ihr Wohl ein« firmiert,
- und der Lehrer von vornherein mit dem etablierten Denkklischee »Erziehung« behaftet ist.

Es liegt mir natürlich fern, die Leistungen aller fähigen Ärzte, Richter, Parteien und Pädagogen zu schmälern und ihnen zu unterstellen, daß sie in ihren Berufen nicht versuchen, das Beste zu geben. Aber ist es nicht wirklich so, daß zwischen dem tatsächlichen Inhalt ihrer Leistung und dem Versprechen, das mit ihrer Funktion verbunden ist, ein Unterschied besteht?

Um es anders auszudrücken: Die Verpackung ist mit dem Inhalt nicht gleichzusetzen. Einem Arzt, dessen Leistung seinen gesamten Patienten gegenüber wir als einzelne ja kaum beurteilen können, glaubt man allein durch seine Stellung, daß er imstande sei, unsere Leiden zu kurieren. Die Verpackung ist demnach wichtiger als der Inhalt. Auch nach tausend nicht geheilten Patienten hält man ihn zur Heilung von Krankheiten noch immer für kompetent.
Lassen Sie mich nach diesen eher theoretischen Überlegungen im folgenden Abschnitt noch einige weitere Beispiele anführen, um die in diesem Manipulationsgesetz aufgestellten Behauptungen weiter zu untermauern.

Warum kein Angler der Forelle ein Stück Torte als Köder an den Haken hängt

Wir Menschen werden nicht müde, uns ununterbrochen einzureden, wir seien mit Vernunft ausgestattete Wesen. Trotzdem verhalten wir uns in vielen Dingen wie Fische.

Kein Angler würde sich einfallen lassen, ein Stück Torte ins Wasser zu hängen, um eine Forelle zu ködern, nur weil er selbst gerne Torte ißt. Er hängt vielmehr einen Wurm an den Haken oder eine Fliege, manchmal eine echte, viel öfter aber der Einfachheit halber eine künstliche. Denn Fische sind dumm und merken das Täuschungsmanöver nicht.

Ob Sie es nun wahrhaben wollen oder nicht, aber auf genau dieselbe Weise lassen wir Menschen uns auch immer wieder fangen. Unter anderen Voraussetzungen, aber mit ganz genau dem gleichen Effekt.

Vor ein paar Jahren reisten einige seriös gekleidete Herren in ein abgelegenes Tal in den Tiroler Bergen. Sie fuhren mit einer amerikanischen Limousine bei den Bauern vor. Die Herren waren Reisende in Elektrowaren. Überall, wo sie hinkamen, schlossen sie Kaufverträge ab. Für Kühltruhen, für Radioapparate, Fernseher und allerhand moderne Küchengeräte. Die Bauern unterschrieben die Verträge und freuten sich, daß sie nun endlich auch alle die Dinge bekommen sollten, die überall den Menschen das Leben und die Arbeit leichter machen.

Alle diese Dinge wurden schließlich den Bauern auch geliefert. Die Sache hatte eigentlich nur einen einzigen Haken, daß es nämlich in diesem Tal noch keinen elektrischen Strom gab und es überhaupt nicht abzusehen war, wann es ihn einmal geben würde.

Einige der auf diese Weise Geschädigten weigerten sich später, die gelieferten Gegenstände zu bezahlen. Sie gaben an, man hätte sie irregeführt. Aber das nützte ihnen nichts. Ein Gericht urteilte, daß rechtskräftig geschlossene Verträge erfüllt werden müßten, wenn sie von den Käufern ordnungsgemäß unterschrieben sind. Natürlich stand in diesen Verträgen kein Wort davon, daß sie nur sinnvoll sein könnten, wenn die Käufer zu den Geräten auch den erforderlichen elektrischen Strom bekämen.

Es war schließlich auch völlig unerheblich, daß die seriös wirkenden Herren in Wahrheit ausgekochte Gauner waren, die nicht direkt, aber doch für die Bauern glaubhaft, so taten, als wüßten sie, daß es nur eine Frage von ein paar Wochen wäre, bis der langersehnte elektrische Strom nun endlich auch in dieses Tal geleitet würde.

Weil die Bauern schon seit Jahren darauf warteten, wollten sie es auch glauben. Keiner verschwendete nur eine Minute darauf, mißtrauisch zu

sein. Zumal man ihm versicherte, der Nachbar hätte auch schon ein paar der angebotenen Geräte gekauft. Was ja auch tatsächlich stimmte.
So empfing man die seriösen Herren aus der Stadt im Grunde genommen gar nicht als Kaufleute, sondern vielmehr als Botschafter einer besseren Welt, denen man dankbar sein mußte, daß Sie sich überhaupt die Mühe gemacht hatten, in dieses abgelegene Tal zu kommen, um es mit den Errungenschaften der modernen Zeit zu beglücken.
Glauben Sie, daß diese Bauern ihre Bestellungen auch aufgegeben hätten, wenn ein Mann mit dem Motorrad gekommen wäre und gesagt hätte: »Freunde, wir alle wissen, daß es noch Jahre dauern wird, bis ihr endlich den verdammten elektrischen Strom in euer Tal bekommt. Aber ich habe hier Kühltruhen, Fernsehapparate und allerhand Küchengeräte. Kauft sie mir ab, sonst mach' ich nämlich mit meinem Unternehmen pleite. Meine Frau und meine Kinder müssen hungern, und ich muß mir einen anderen Job suchen?«
Natürlich hätten ihn alle ausgelacht, und noch nach Wochen hätten sich die Bauern in diesem Tal nach dem Kirchgang im Wirtshaus von diesem verrückten Kerl erzählt, der ihnen Elektrogeräte andrehen wollte, wo sie doch gar keinen elektrischen Strom in ihrem Tal hätten. Was unterschied nun eigentlich die seriösen Herren von dem Mann mit dem Motorrad? Beide hatten das gleiche Angebot zu machen. Unter derselben Voraussetzung. Der Unterschied lag lediglich in der Verpackung ihres Angebots. Die einen hängten an ihren Angelhaken eine schöne, bunte, künstliche Fliege. Der andere versuchte es mit dem Angelhaken allein.
Vermutlich werden Sie über die Geschichte mit den Bauern ein wenig selbstgefällig gelächelt und gedacht haben, Ihnen würde so etwas natürlich nie passieren. Lachen Sie nur und seien Sie versichert: Es passiert Ihnen doch. Es passiert Ihnen immer wieder, Ihr ganzes Leben lang. Und wissen Sie auch warum? Weil Sie es selbst so wollen.
Ich will Ihnen hier ein Beispiel aus meiner eigenen Erfahrung erzählen. In meinem Kleiderschrank hängt seit Jahren ein graugemusterter, mit feinen roten Streifen versehener Anzug. Er wurde, so sagte man mir wenigstens, nach dem Design des amerikanischen Modeschöpfers John Weitz angefertigt, der drüben angeblich zu den führenden Leuten auf diesem Gebiet gehört.
Das Sakko dieses Anzugs ist auf nur einen Knopf gearbeitet, die Taschen sind schräg eingenäht. Das Futter ist violett, und ich habe mir dazu in der gleichen Farbe eine speziell gemusterte John-Weitz-Krawatte und ein passendes Stecktuch gekauft. Die Hosenbeine waren nach meinem Empfinden etwas zu eng, aber man sagte mir damals, das sei gerade in den USA so Mode. Alles in allem war es ein Anzug mit ein paar ausgefallenen Details, der sündhaft teuer war, und das nur deshalb, weil es eben ein John-Weitz-Modell war.

Ich weiß noch ganz genau, wie ich damals dem Verkäufer sagte: »Verdammt teuer, dieser Anzug.« Er grinste unverschämt und meinte: »Ja, ja, diese Leute lassen sich eben ihren Namen gut bezahlen.« Dazu bezahlte ich natürlich auch noch den Namen des feinen Geschäfts, der in goldener Schrift auf einem Stückchen Seide im Futter des Sakkos eingenäht ist.
Ich wußte das alles und kaufte den Anzug dennoch. Meine Entscheidung war in Wahrheit schon ein paar Tage vorher gefallen, als ich in der Zeitung einen Artikel über diesen Mr. Weitz gelesen hatte, der gerade in der Stadt war, um seine Modelle, wie man so schön sagt, zu präsentieren. In dem Artikel hatte auch irgendwo der Hinweis gestanden, daß seine Anzüge natürlich nicht die billigsten seien. Aber es sei ja auch nicht die Absicht, daß jedermann sie kauft. Mein John-Weitz-Modell jedenfalls hängt nun, kaum getragen, in meinem Kleiderschrank. Denn ich stellte sehr bald fest, daß das Sakko mit dem einen Knopf sich häßlich verzieht, wenn ich mein Notizbuch in die eine Innentasche und die Pfeife in die andere stecke. Auch die Hosenbeine sind mir viel zu eng.
Bliebe eigentlich nur die Frage: Warum habe ich diesen Anzug gekauft? Ich will es Ihnen ganz ehrlich sagen: Weil ich mich von diesem John Weitz genauso bluffen ließ wie die Tiroler Bauern von den seriösen Herren. In Wahrheit brauchte ich nämlich gar keinen Anzug, schon gar nicht einen, in dessen Sakko man weder Notizbuch noch Pfeife unterbringen konnte.
Ich bin ganz sicher, daß es Ihnen keine große Mühe machen wird, aus Ihrem eigenen Leben wenigstens fünf Beispiele aufzuschreiben, in denen es Ihnen nicht anders erging.

Niemand wahrt unseren Vorteil, wenn es zu seinem Nachteil ist. Deshalb können im umfassenden Spiel der Manipulation nur wir selbst unsere Interessen wahrnehmen

Dieses Buch ist ein Aufruf an Sie, sich aus der passiven Rolle des manipulierten Massenmenschen zu befreien und anzufangen, selbst aktiv zu manipulieren. Wir sollen im manipulativen Spiel des Zusammenlebens nicht nur Opfer sein, sondern aus der Unfähigkeit anderer, die Zusammenhänge der Manipulation zu durchschauen, profitieren.

Es ist in den vergangenen Jahren zur Mode geworden, die professionellen Manipulanten in Werbung, Massenmedien und Politik mit ihren Methoden zu verurteilen und den sogenannten »kleinen Mann« als bedauernswertes Opfer hinzustellen, der diesen Methoden hilflos ausgeliefert ist. Viel weniger häufig wurde bisher untersucht, warum der »kleine Mann«, der Massenmensch von heute, in so umfassender Weise manipuliert wird. Der Gelehrte Ernesto Grassi hat vor Jahren folgende vier Merkmale als typisch für den Menschen in der Masse bezeichnet:

1. *Die Anonymität.* Die individuelle Verhaltensweise, so sagt Grassi, verflüchtigt sich unter dem Bann der Leidenschaften und wird durch triebhaftes, instinktmäßiges Reagieren ersetzt.
2. *Gefühlsbestimmtheit.* An die Stelle der Vernunft treten Gefühl und Trieb. Daher die große Beeinflußbarkeit der Massen, die nicht aus Überlegung und Einsicht handeln, sondern allein durch Emotion gelenkt werden.
3. *Schwinden der Intelligenz.* Die Intelligenz der Masse sinkt unter das Niveau der einzelnen, sagt Grassi, die sie bilden. Wer sich den Beifall der Masse sichern will, wird sich an der unteren Intelligenzgrenze orientieren und auf logisches Argumentieren verzichten. Ein Erlebnis mit anderen zu teilen, steigert die Erregung. Die Masse ist leichtgläubig und gibt sich – eine immer wieder bestätigte Beobachtung – kritiklos einander ablösenden Rednern hin, mögen ihre Aussagen einander auch noch so sehr widersprechen.
4. *Schwinden der persönlichen Verantwortung.* In dem Maße, in dem der einzelne die Kontrolle über die eigenen Leidenschaften aufgibt, verliert er sein Verantwortungsgefühl und kann zu Taten hingerissen werden, die er, allein im Blickpunkt der Öffentlichkeit stehend, nie begehen würde.

Wir sind allmählich zu Massenmenschen geworden, mit den Merkmalen, die Ernesto Grassi nennt:

- Anonymität.
- Gefühlsbestimmtheit.

- Schwinden der Intelligenz.
- Schwinden der persönlichen Verantwortung.

Und wissen Sie, warum das möglich war? Ganz einfach deshalb, weil weit und breit niemand daran interessiert ist, uns zu kritischen Individualisten zu erziehen.

Um es noch einmal in aller Deutlichkeit zu sagen:

- Unsere Eltern wollen vom ersten Augenblick unseres Lebens an, daß wir das tun, was sie für richtig halten. Es stört sie, wenn wir stundenlang schreien, auch wenn es uns Freude macht. Keine Mutter möchte sich sagen lassen: »Ihr Kind sieht aber schlecht aus«, deshalb werden wir gefüttert, ob wir es wollen oder nicht.
- Welcher Lehrer will Schüler, die ihn auf seine Fehler aufmerksam machen und verlangen, daß sie etwas anderes erfahren als das, was in seinem Lehrplan steht?
- Ein Vorgesetzter wehrt sich dagegen, daß seine Untergebenen kommen und ihm sagen, daß er unfähig ist.
- Die Bürokratie kann keine Individualisten gebrauchen, denn sie beruft sich auf Regeln, die für alle gemacht sind.
- Die Wirtschaft kann keine kritischen Einzelgänger gebrauchen, sondern Massenkonsumenten, die blind der Mode folgen, die man ihnen vorschreibt.

In diesem Mechanismus der Massenmanipulation sind wir die Menschen mit den Merkmalen geworden, die Grassi beschreibt.

Niemand ist da, der dem einzelnen sagt, was für ihn allein gut ist. Niemand ist daran interessiert, uns aufzufordern, etwas zu tun, was uns nützt und ihm schadet. Und das mit Recht.

Es liegt also an uns selbst, und zwar an jedem einzelnen von uns, seinen ganz persönlichen Vorteil wahrzunehmen. Warum sollte es nicht gerechtfertigt sein, daß wir es mit der Einstellung und den Methoden tun, die andere uns gegenüber praktizieren?

Hier ist der Punkt, wo Sie aus dem bisher Gesagten einige Folgerungen für Ihr weiteres Verhalten ableiten sollten.

1. Folgerung:

Öffnen Sie die Verpackung und prüfen Sie den Inhalt unvoreingenommen auf den tatsächlichen Wert, den er für Sie hat.

Dieses dritte Manipulationsgesetz über Verpackung und Inhalt ist vermutlich von der Warte der meisten Leser aus betrachtet viel mehr von defensiver als von offensiver Bedeutung. Ausgenommen sind dabei natürlich gewiegte Geschäftsleute oder andere professionelle Verkäufer, de-

ren Hauptbeschäftigung die Manipulation mit Hilfe der Verpackung ist. Die Manipulationsgesetze, das muß betont werden, wurden hier nicht aufgestellt, um professionellen Manipulanten Anregungen zu vermitteln, wie sie die Leute noch raffinierter manipulieren können. Vielmehr sollen Leute, die bisher aus Unwissenheit vorwiegend zur Gruppe der Manipulierten gehörten, Aufschlüsse und Hinweise erhalten, die es ihnen ermöglichen, Manipulation zu erkennen und selbst davon Gebrauch zu machen.
Wenn deshalb die Erläuterungen über das dritte Manipulationsgesetz dazu führen, daß der Leser fortan Verpackungen und damit verbundene Versprechungen, die täglich und in allen Bereichen des Lebens an ihn herangetragen werden, kritischer als bisher beurteilt und durchschaut, kann das sein weiteres Leben in hohem Maße verändern.
»Gefühlsbestimmtheit«, »Schwinden der Intelligenz« und »Schwinden der persönlichen Verantwortung«, sagt Ernesto Grassi, sind Kennzeichen des Massenmenschen von heute. Er weist damit auf den unkritischen Glauben an die Versprechungen hin, mit denen uns Inhalte aller Art täglich verkauft werden. Kritische Prüfung, gepaart mit der Kenntnis der Zusammenhänge der zu unserer Manipulation angewandten Methoden, bedeutet andererseits Aktivität zur Wahrung des eigenen Vorteils. Und genau das ist, wie wir schon im zweiten Manipulationsgesetz über das Auf-sich-aufmerksam-Machen gesehen haben, die Voraussetzung dafür, vom passiven Warte-Menschen zum aktiven Manipulations-Menschen zu werden.

2. Folgerung:
Werden Sie sich über Ihre echten Bedürfnisse klar und legen Sie die Erwartungen selbst fest, die Sie mit diesen Bedürfnissen verbinden.

Die meisten Menschen erliegen den Verpackungs-Versprechungen, weil sie selbst ihre Bedürfnisse nicht genau kennen. Damit geben sie den Verkäufern ständig Gelegenheit, ihnen neue Bedürfnisse einzureden und ihnen deren Erfüllung zu verkaufen.
Wenn Sie selbst Ihre Bedürfnisse festgelegt haben, und zwar jene Bedürfnisse, die Sie für sich als echt und richtig erkannt haben, dann ist das der Maßstab, an dem Sie alle Angebote, die an Sie herangetragen werden, messen können.
Mit der Festlegung Ihrer persönlichen Bedürfnisse ist Ihre persönliche Wertung jedes einzelnen Bedürfnisses untrennbar verbunden.
Lassen Sie mich hier ein Beispiel anführen. Ein Bekannter von mir war vier Jahre lang für ein Gebiet mit ungefähr einer Million Einwohnern Vertreter einer Markenfirma für Damenwäsche. Er hatte sich in den Jah-

ren zu einem Star unter den Vertretern dieser Firma emporgearbeitet. Immer wieder bekam er als Prämie für besonders hohe Umsatzsteigerungen wertvolle Geschenke.
Vor einiger Zeit trat eine kleine Konkurrenzfirma mit einem Angebot an ihn heran. Man bot ihm ein höheres Gehalt an und die Möglichkeit, selbst die Auswahl der Kollektionen zu bestimmen, was er bisher nicht durfte. Dafür konnte ihm die neue Firma allerdings nicht jene langfristige Sicherheit bieten, die das bisherige, renommierte Unternehmen für seine Vertreter verkörperte.
Als mein Bekannter mir davon erzählte, bot ich ihm an, gemeinsam seine Entscheidung im Hinblick auf seine persönlichen Bedürfnisse zu analysieren. Er bezeichnete vorerst folgende Bedürfnisse als für sein Leben von besonderer Bedeutung:

1. Genug Geld, um sich alles das leisten zu können, was er mit seiner Familie besitzen möchte. Dazu gehören ein eigenes Häuschen in der Stadt und ein Grundstück außerhalb, auf dem er die Wochenenden mit Gartenarbeiten verbringen kann.
2. Gesundheit und die Erhaltung körperlicher Fitness. Dazu gehört genügend Zeit für seinen Lieblingssport Fußball, den er bei einem Verein betreibt. Außerdem im Winter Skilaufen und der damit verbundene Aufenthalt auf einer Hütte in den Bergen.
3. Sicherheit für das Alter.
4. Selbstbestätigung durch eigenständige Leistung, die ihm die Freude am Beruf erhält und die vermeidet, daß seine Arbeit für ihn zur notgedrungenen Routine wird.
5. Die Erhaltung seiner glücklichen Ehe als ruhender Pol, zu dem er immer wieder zurückkehren kann, besonders, wenn der Beruf bisweilen Ärgernisse und Probleme mit sich bringt.

Natürlich führte er noch andere Bedürfnisse an, die für diese speziellen Überlegungen jedoch keine große Rolle spielten.
Alle die angeführten Bedürfnisse wurden meinem Bekannten bei seiner alten Firma mehr oder weniger erfüllt. Er bekam dort etwas weniger Grundgehalt, dafür war die langfristige Sicherheit größer, während es bei der neuen Firma noch keineswegs feststand, ob sie sich in den nächsten Jahren wirklich auf dem Markt durchsetzen werde. Die Arbeit würde in den kommenden Jahren mehr sein, das hieß weniger Zeit für Sport und das Grundstück im Grünen.
Trotzdem entschied sich mein Bekannter für den neuen Job. Und das aus einem einzigen Grund: Weil ihm die neue Firma für das Bedürfnis nach »Selbstbestätigung durch eigenständige Leistung« eine optimale Befriedigung versprach. Er sollte, wie gesagt, hier seine Kollektionen selbst zusammenstellen dürfen. Das war es, was seine Entscheidung wesentlich beeinflußte.

Ich möchte darauf hinweisen, daß die Entscheidung meines Bekannten fast ausschließlich durch ein Versprechen beeinflußt war. Und zwar durch ein Versprechen, das zu dem Zeitpunkt, als es gegeben wurde, keinesfalls auf seine Erfüllbarkeit überprüfbar war.

Fassen wir also zusammen:

- Die neue Firma wollte meinen Bekannten, um ihren Umsatz in einem bestimmten Gebiet zu erhöhen und zugleich der Konkurrenz ihren besten Vertreter wegzuschnappen.
- Das einzige wirklich unbefriedigte Bedürfnis meines Bekannten bei seiner alten Firma war, daß er zu wenig Möglichkeiten zur Selbstbestätigung sah und fürchtete, daß ihm die Arbeit dadurch bald zur freudlosen Routine werden würde.
- Diesen Punkt erkannte der Gesprächspartner meines Bekannten, der in diesem manipulativen Spiel sein Gegner war. Er verpackte seinen Wunsch deshalb in ein Angebot (Auswahl der eigenen Kollektion), das die Befriedigung dieses Bedürfnisses versprach.
- Der Gesprächspartner erweckte dadurch in meinem Bekannten die Hoffnung auf Befriedigung eines bisher unbefriedigten Bedürfnisses, ohne die Einhaltung des Versprechens beweisen zu müssen.
- Zu dem Zeitpunkt, wo er diesen Beweis antreten muß, wird sich mein Bekannter bereits so sehr mit seinem neuen Job identifiziert haben, daß er es vor sich selbst entschuldigen wird, wenn das gegebene Versprechen doch nicht in dem Maße erfüllt wird, wie er es eigentlich erwartet hatte.

Das ist ein Beispiel dafür, wie wichtig es ist, seine Bedürfnisse zu kennen und ihre Wertung vorzunehmen. Dadurch wird die Gefahr vermindert, daß sich unsere Gegner im manipulativen Spiel unsere Bedürfnisse zu ihrem Vorteil zunutze machen.

3. Folgerung:
Lernen Sie, Ihren Vorteil so zu verpacken, daß Ihr Gegner im manipulativen Spiel darin eine Erfüllung eines Bedürfnisses sieht.

Dazu sind drei Phasen des Vorgehens wichtig:

A Studieren Sie die Bedürfnisse des Gegners.
B Erkennen Sie, welches der Bedürfnisse sich für die Verpackung Ihres Vorteils am besten eignet.
C Hängen Sie dem Gegner das Stück Torte an den Angelhaken, wenn Sie erkannt haben, daß Torte sein Lieblingsgericht ist, auch wenn Sie selbst Topfenpalatschinken vorziehen.

Eine Anwendungsmöglichkeit aus dem Alltag:
Die Frau eines meiner Kollegen klagte wochenlang darüber, daß ihre

zehnjährige Tochter einfach nicht zu bewegen sei, Obst zu essen. Welche Argumente sie auch immer fand, sie führten zu keinem Erfolg.
Ihre Tochter war eine große Bewunderin des Sängers Adamo, dessen Fotos sie aus Zeitschriften ausschnitt und über ihr Bett hängte. Die Mutter teilte diese Bewunderung keineswegs. Aber eines Tages fiel ihr in einem Magazin ein großes Bild auf, das Adamo in seinem Heim zeigte. Er saß mit seinem Kind an einem langen Tisch. Im Vordergrund stand eine riesengroße Schüssel mit wunderschönen Äpfeln, Bananen, Orangen und Weintrauben. Alles war so appetitlich anzusehen, daß einem das Wasser im Munde zusammenlief.
Dieses Foto hängte die Mutter ihrer Tochter, fein säuberlich hinter Glas und mit einem Rahmen versehen, in ihr Zimmer. Vielleicht war es die grenzenlose Bewunderung für den Sänger, vielleicht auch nur die Freude darüber, daß nun ihre Mutter offensichtlich auch Gefallen an ihrem Liebling gefunden hatte, aber von diesem Tag an hatte das Mädchen nichts mehr gegen ihre tägliche Ration an Vitaminen einzuwenden.
Die oben erwähnte Mutter wußte ganz bestimmt nichts vom dritten Manipulationsgesetz. Sie hat es nur ganz instinktiv angewendet. Das liegt vermutlich daran, daß es sich hier um ein selbstverständliches Prinzip der Menschenbeeinflussung handelt. Wir haben uns nur daran gewöhnt, unsere eigenen Wünsche auf eine so ich-bezogene Weise vorzubringen, daß die Wünsche des anderen in der Verkaufsargumentation unberücksichtigt bleiben. Denn so sehr wir bei der Anwendung dieses Manipulationsgesetzes auch unseren eigenen Vorteil im Auge haben, der Erfolg hängt doch davon ab, wie gut wir imstande sind, dem anderen das Gefühl zu geben, selbst einen Vorteil für sich gewonnen zu haben.
Das ist ein Preis, den wir mit Freude bezahlen sollten.

Viertes Manipulationsgesetz

Eine Behauptung gewinnt in zunehmendem Maße an Glaubwürdigkeit, je konsequenter und glaubhafter sie wiederholt wird.
Wer eine Behauptung mit dem Hinweis verbreitet, daß sie schon bei anderen Menschen Glaubwürdigkeit besitzt, erweckt das Bedürfnis, sich der Mehrheit anzupassen. Es ist dabei unerheblich, welchen Wahrheitsgehalt der angeführte Hinweis tatsächlich besitzt.
Mit der Zahl der Wiederholungen einer Behauptung wächst die Bereitschaft beim Empfänger dieser Botschaft, sie zu akzeptieren. Diese Wirkung wird durch die Konsequenz der Wiederholung vervielfacht.

Was alles passiert, wenn ein Mensch ein und dieselbe Botschaft immer wieder hört – statt nur ein einziges Mal

Sehr viele Menschen scheitern in ihren Bemühungen, sich durchzusetzen, daran, daß sie sich zu früh geschlagen geben. Sie fassen ein Ziel ins Auge und gehen auf ihren Gegner los, um ihn im ersten Angriff zu überrennen. Ganz erstaunt müssen sie dann oft zur Kenntnis nehmen, daß sie auf Ablehnung oder zumindest auf Mißtrauen stoßen.
Sehr viele erlahmen jetzt in ihrem Elan, ihr Ziel weiter zu verfolgen. Sie werden unsicher in dem Glauben, daß es überhaupt erreichbar ist. Vielleicht unternehmen sie noch ein, zwei lahme Versuche. Wenn diese auch nicht gelingen, geben sie die Sache als gescheitert auf.
Manchmal geben sie sich selbst die Schuld an dem Fehlschlag. Viel öfter aber finden sie alle möglichen Ausreden, warum ihre Bemühungen nicht so verlaufen sind, wie sie es sich vorgestellt hatten. Sie schmollen, sind verärgert, ihr Selbstvertrauen ist angeknackst.
Dabei wird uns tagtäglich vorexerziert, welche bedeutende Rolle das Prinzip der Wiederholung in der Menschenbeeinflussung spielt. Die meisten von uns unterliegen diesem Gesetz der Manipulation immer wieder, ohne aus dieser Tatsache nachhaltige Lehren für ihr eigenes Verhalten zu ziehen.
Keine der Firmen, die Schönheitscremes, Autos, Waschmittel, Zahnpasten oder Rasierklingen auf den Markt bringt, würde daran denken, ein neues Produkt mit einem einzigen Zeitungsinserat oder nur einem Fernsehspot vorzustellen.
Diese Leute denken in Jahresprogrammen, sie arbeiten nach Begriffen wie »Einführungskampagne« und »Erinnerungswerbung«. Sie tragen die Angriffe auf ihre Gegner, die potentiellen Käufer, auf breiter Front voran. In Zeitungsinseraten, in Fernsehen und Rundfunk, dann auf Plakaten und schließlich am Ort des Verkaufs.
Überall trommeln sie ihre Botschaft, bis sie von niemandem mehr überhört werden kann. Wer sie heute nicht sah oder hörte, der muß sie morgen oder übermorgen zur Kenntnis nehmen.
Und plötzlich ist Hunderttausenden oder Millionen Menschen ein Produkt, ein Star, ein Slogan bekannt und vertraut, von dem ein halbes Jahr zuvor noch niemand eine Ahnung hatte.
Wenn die Werbung es einmal geschafft hat, eine Sache bekanntzumachen, dann dauert es nicht mehr lange, bis die Leute die Botschaft aufgreifen, das Versprechen glauben und der Aufforderung folgen, zu kaufen, kaufen, kaufen.

Genau auf diese Weise werden Produkte und Menschen, Programme und Ideologien verkauft. Welchen Grund sollte es dafür geben, daß sich nicht jeder von uns auch dieser Erfolgsmethode bedienen sollte, wenn er versucht, sich gegenüber seinen Alltagsgegnern im manipulativen Spiel durchzusetzen?

Als ich vor ein paar Jahren einen alten Schulfreund wieder traf, kamen wir auf ein Ereignis zu sprechen, das vor fast zwei Jahrzehnten unseren gesamten gemeinsamen Bekanntenkreis in Erstaunen versetzt hatte. Der Schulfreund hatte damals eines der hübschesten und interessantesten Mädchen geheiratet, um das sich ganze Scharen junger Männer gleichzeitig bemühten. Die meisten von ihnen sahen besser aus als mein Bekannter, sie waren wendiger, sportlicher, hatten bessere Positionen inne. »Warum«, fragte ich den Schulfreund, »hat sie damals gerade dich genommen?« Er lächelte versonnen vor sich hin, wie er es schon früher immer getan hatte, dann sagte er: »Ich war ganz einfach überzeugt davon, daß ich der einzig richtige Mann für sie bin. Und das habe ich ihr eineinhalb Jahre lang immer wieder gesagt.«

Dazu muß man wissen, daß die umworbene junge Dame zu dem Zeitpunkt, als dieser Mann seine Kampagne begann, gerade vorübergehend mit einem anderen verlobt war. Sechs von den erwähnten 18 Monaten verbrachte sie im Ausland. Später brach sie sich beim Skifahren ein Bein und lag zwei weitere Monate mit einem komplizierten Bruch in einem Landspital.

Aber wo immer sie sich befand, wer ihr auch gerade den Hof machte, mein Schulfreund spürte sie auf und ließ sie immer nur das eine wissen: »Ich bin der einzig richtige Mann für dich.« Natürlich gebrauchte er nicht in einem fort dieselben Worte. Manchmal waren es Blumen, kleine Geschenke, ein Buch mit einer Widmung, Briefe. Aber alles war auf dasselbe Ziel ausgerichtet.

Und obwohl dieses Mädchen, wie es später zugab, ihn anfangs überhaupt nicht beachtet und später für reichlich verrückt gehalten hatte, kam sie schließlich doch zu dem Schluß, daß sie keinen Besseren finden könnte als gerade ihn.

Es gibt wohl überhaupt keinen Zweifel darüber, wie dieser Fall ausgegangen wäre, wenn mein Bekannter seine Bemühungen nach zwei, drei Versuchen aufgegeben hätte. Zu diesem Zeitpunkt hätte ihn die junge Dame wohl schon beachtet, sie hätte ihn vielleicht auch schon – nach ihren eigenen Worten – für reichlich verrückt gehalten. Total verrückt wäre ihr aber der Gedanke erschienen, ihn zu heiraten.

Woran lag es also, daß sie es schließlich doch tat?

Versuchen wir hier einmal zu untersuchen, welche Phasen der Veränderung im Verlaufe der ganzen Zeit in dem Mädchen vor sich gingen, während sie den konsequenten manipulativen Aktionen ausgesetzt war. Und

zwar von dem Zeitpunkt an, als sie den Mann zum ersten Mal zur Kenntnis nahm, bis zu ihrer Zusage.
Wie ich den ausführlichen Schilderungen und Andeutungen meines Schulfreundes entnehmen konnte, war es so:

1. Phase
Sie nahm ihn zur Kenntnis als einen der zahlreichen jungen Männer, die alle irgendwelche Anstrengungen unternahmen, um ihre Aufmerksamkeit zu erregen.

2. Phase
Er erschien ihr »reichlich verrückt«. Das bedeutete immerhin schon, daß sie sich über ihn ein Urteil bildete, das zwar nicht unbedingt begeisternd war, aber immerhin.

3. Phase
Als sie im Ausland war, verlor er nicht, wie die meisten anderen, völlig das Interesse an ihr. Im Gegenteil. Er nahm sich sogar die Mühe, die Adresse herauszufinden und ihr regelmäßig nette Briefe zu schreiben. Zuerst zögerte sie, diese Briefe zu beantworten. Dann aber tat sie es doch, ohne sich so recht bewußt zu werden, warum.
Damit war es ihm zum ersten Mal gelungen, sie aus ihrer passiven Einstellung ihm gegenüber herauszulocken, und er erreichte, daß sie sich aktiv mit ihm und dem, was er schrieb, beschäftigte.

4. Phase
Durch den sich entwickelnden regen Austausch von Briefen, der sich nun entspann, fixierte er sie immer mehr auf seine Person. Er wurde für sie so etwas wie eine ständige Verbindung zur Heimat, an die sie sich allmählich gewöhnte.
Manchmal, wenn er seine Antworten bewußt einige Zeit hinauszögerte, schrieb sie von sich aus und war besorgt, ihm könnte etwas passiert sein. Mit solchen kleinen Tricks kontrollierte er sehr vorsichtig, aber regelmäßig den Stand ihrer wachsenden Bindung an ihn.
Jedenfalls war sie nun soweit, daß die Verbindung, wenigstens über ein paar tausend Kilometer hinweg, für sie zu einem Bedürfnis geworden war.

5. Phase
Als sie schließlich wieder nach Hause kam, kühlte die Beziehung merkwürdigerweise wieder etwas ab. Mein Bekannter konnte sich die Ursache dafür nicht recht erklären. Erst später, als die beiden schon einige Zeit verheiratet waren und darüber sprachen, gestand sie ihm, daß es so etwas

wie ein letzter Fluchtversuch war. Ihr wurde plötzlich bewußt, daß hier für sie eine Bindung entstanden war, die sie selbst nicht kontrolliert und gesteuert hatte, und das beleidigte ihren fraulichen Stolz und ihr Selbstbewußtsein.

6. Phase
Es war sicherlich eine Trotzreaktion, daß sie mit einem anderen Mann in den Skiurlaub fuhr. Über ihren Unfall war ihr Begleiter sehr verärgert und reiste ab, als sein Urlaub abgelaufen war.
Mein Bekannter hingegen hatte sich von der Enttäuschung, die ihm die Entwicklung der Dinge vorerst bereitet hatte, bald erholt. Er schickte Blumen und besuchte das Mädchen mehrmals.
Im Spital war es auch, wo sie sich zum ersten Mal ernsthaft überlegte, ob dieser Mann nicht eigentlich ein wunderbarer Ehemann sein müßte.

Oder, um es in der nüchternen Sprache des Victor O. Schwab auszudrükken: In ihr war das Bedürfnis erweckt, einen Vorteil, der ihr vor Augen geführt worden war, wahrzunehmen.
Ich gebe zu, daß sich diese Geschichte bei oberflächlicher Betrachtung recht rührselig anhört. Bei oberflächlicher Betrachtung. Tatsächlich aber ist sie die eindrucksvolle Bestätigung der Behauptung, die im vierten Manipulationsgesetz aufgestellt wurde: »Mit der Zahl der Wiederholungen einer Behauptung wächst die Bereitschaft beim Empfänger dieser Botschaft, sie zu akzeptieren. Diese Wirkung wird durch die Konsequenz der Wiederholung vervielfacht.«

In demselben Maße, in dem Sie Zug um Zug Ihren Gegner verunsichern, nimmt Ihr eigenes Selbstvertrauen zu

Wir müssen uns vor Augen halten, daß unser ganzes Leben ein ständiger Wechsel zwischen den Positionen Aktiv und Passiv, Sicherheit und Unsicherheit, Angriff und Verteidigung oder Erfolg und Niederlage ist. Ständig bewegen wir uns zwischen diesen gegensätzlichen Positionen hin und her. Einmal sind wir hier erfolgreich, dann wieder unterliegen wir dort. Niemals wird es so sein, daß wir nur erfolgreich sind, kaum jemand wird auch nur unterliegen.

Unser Leben ist also ein ständiger Wechsel zwischen Erfolg und Niederlage. An uns selbst liegt es, ob wir uns vorwiegend auf der Niederlagen- oder auf der Erfolgsseite bewegen.

Dies ist eine Automatik, der wir uns nicht entziehen können. Das sollten wir auch nicht. Im Gegenteil. Wir sollten akzeptieren, daß Niederlagen genauso ein Bestandteil unseres Lebens sind wie die Erfolge. Wir sollten aber noch einen Schritt weitergehen, indem wir uns immer und immer wieder sagen:

Nachdem es mir nicht möglich ist, Niederlagen zu vermeiden, entschließe ich mich dazu, aus jeder Niederlage, die mir zustößt, das Beste herauszuholen.

Das ist eine sehr wichtige Entscheidung. Denn eine Niederlage kann zweierlei bewirken:

A Wenn ich jede Niederlage, die ich erleide, als etwas Endgültiges betrachte, wird dies mein Selbstvertrauen vermindern. Ich werde also sagen: »Ich kann das eben nicht, es hat gar keinen Sinn, es noch einmal zu versuchen.« Sehr bald werde ich soweit kommen, daß ich manche Dinge erst gar nicht zu verwirklichen suche, weil ich von vornherein überzeugt bin: »Das wird ja sowieso schiefgehen, wozu es überhaupt versuchen?«

Das heißt, je öfter ich eine Niederlage als endgültig betrachte, desto mehr baue ich mit jeder Wiederholung dieses Vorganges mein Selbstvertrauen ab. Meine Unsicherheit wächst.

B Wenn ich andererseits jede Niederlage als einen Versuch in der Kette einer Vielzahl von Versuchen ansehe, die ich unternehmen muß, um ans Ziel zu kommen, dann werde ich sagen: »Gut, das ist also schiefgegangen. Ich überlege mir jetzt, was die Ursache des Mißerfolges ist. Mit der Erkenntnis, die ich aus dieser Überlegung gewinne, packe ich die Sache noch einmal, aber diesmal besser an. Und dann noch einmal und noch einmal, bis ich es geschafft habe.«

Der entscheidende Unterschied dieser beiden Einstellungen zu einer Niederlage zeigt sich in der Auswirkung auf meine Einstellung und mein weiteres Verhalten.
Im Falle A bewirkt die Wiederholung von Niederlagen eine wachsende Unsicherheit, die meine Initiative lähmt und mich dazu verleitet, meine Ziele tiefer zu stecken.
Im Falle B bewirkt die Wiederholung der Einstellung »Wenn ich es beim ersten Mal nicht schaffe, versuche ich es ein zweites und drittes und viertes Mal und jedes Mal mit verbesserten Mitteln«, daß mein Selbstbewußtsein zumindest erhalten bleibt.
Da anzunehmen ist, daß mit den Wiederholungen der Versuche auch Erfolge eintreten, ist damit die große Wahrscheinlichkeit gegeben, daß mit diesen Erfolgen meine Sicherheit wächst und mich zum Weitermachen anspornt.
Da wir uns hier vorwiegend mit dem Wiederholungsprinzip und seinen Vorteilen befassen, möchte ich die bisherige Erkenntnis auf folgende Weise noch einmal zusammenfassen:
Mit jeder Wiederholung eines Versuches, dem gesteckten Ziel näherzukommen, steigt die Wahrscheinlichkeit des Erfolges, der mit größerem Selbstvertrauen verbunden ist. Sicherheit oder Unsicherheit, das sind die zwei gegensätzlichen Positionen, die bei der Anwendung des Wiederholungsprinzips eine Rolle spielen.
Ich muß meine manipulative Aktion aus der Sicherheitsposition heraus beginnen und durchführen. Wobei es mein Bestreben sein muß, den Gegner durch meine Sicherheit in der Wiederholung allmählich zu verunsichern, um ihm immer stärker meine Botschaft als Sicherheit anzubieten. Das so lange, bis er in der Sicherheit meiner Botschaft einen Vorteil sieht, von dem er Gebrauch machen möchte.
Genau das war in dem beschriebenen Beispiel über meinen Schulfreund der Fall. Genau das exerziert uns die Werbung vor, auf welcher gesellschaftlichen Ebene und mit welcher Botschaft sie auch immer täglich an uns herangetragen wird.
Abschließend noch zwei weitere Begebenheiten, die zeigen, in welcher Weise das Wiederholungsprinzip wirksam werden kann. Das eine war eine Woche lang Tagesgespräch in der Stadt, in der es spielte, von dem anderen haben Sie vielleicht selbst in der Zeitung gelesen.
Vier Herren, nennen wir sie A, B, C und D, fuhren zum Match eines führenden Fußballklubs ins Ausland. Nach dem Spiel, das für den Verein, den sie begleiteten, siegreich ausging, waren sie ziemlich ausgelassen. Sie saßen noch ein paar Stunden in einem Restaurant beisammen. Mit Alkohol wurde nicht gespart.
Dann hatte einer von ihnen die Idee: Freunde, und jetzt muß ein Mädchen her. In einem kleinen Lokal fanden sie schließlich eine Dame von genau

der Art, die ihnen den Spaß bereiten könnte, den sie von diesem Erlebnis erwarteten. Gemeinsam zogen die vier in die Wohnung der Dame, wo sie alle mehr oder weniger auf ihre Rechnung kamen. Auch die Rechnung der Dame stimmte. Alles schien damit abgeschlossen.

Ein paar Tage nach ihrer Heimkehr rief Herr A seinen Kollegen B an und machte ihm die betrübliche Mitteilung: »Du, ich habe mir bei der Geschichte da neulich eine Geschlechtskrankheit geholt.« B, ein lustiger Vogel, der gerne mit anderen Leuten seine Späße treibt, gab zu verstehen, daß auch er schon diesen Verdacht in bezug auf seine Person habe. Nach dem Gespräch mit A rief B sofort die beiden anderen Teilnehmer des nächtlichen Erlebnisses an, und man beschloß, daß alle aus reinem Jux dem A sagen würden, daß sie auch meinten, sich angesteckt zu haben. Für A gab es nun, nachdem er seinen Verdacht dreimal bestätigt erhalten hatte, keinen Zweifel mehr, daß er einen Arzt aufsuchen mußte. Diesem schilderte er alle Symptome einer Geschlechtskrankheit und meinte, es gäbe da überhaupt keinen Zweifel, denn auch seine Freunde hätten es ihm bestätigt.

Der Arzt behandelte also die Krankheit, ohne weitere Untersuchungen anzustellen. Routinehalber fragte er A, mit wem er denn in der Zwischenzeit noch Geschlechtsverkehr gehabt habe. Wahrheitsgemäß erzählte ihm der Patient, dies sei mit seiner Frau und seinem Dienstmädchen der Fall gewesen.

Beide Damen wurden zum Arzt vorgeladen, und A blieb nichts anderes übrig, als seiner Frau nicht nur von seinem Erlebnis im Ausland zu berichten, sondern ihr auch zu gestehen, daß er mit dem Dienstmädchen ein Verhältnis hatte. Diese Geständnisse führten dazu, daß die Frau sich scheiden ließ.

Völlig oder wenigstens teilweise zu Unrecht. Denn der Arzt konnte weder bei der Ehefrau noch bei dem Dienstmädchen eine Geschlechtskrankheit feststellen. Aus dem ganz einfachen Grund, weil sie nämlich genauso gesund waren wie der Ehemann und seine drei Kollegen.

Es ist anzunehmen, daß A niemals in diese für ihn unangenehme Situation gekommen wäre, wenn vorerst B und dann seine beiden anderen Kollegen ihm wahrheitsgemäß versichert hätten, daß sie keinerlei Anzeichen für eine Krankheit bemerken könnten und daß seine Angst völlig unbegründet sei.

Es ist offensichtlich, in welcher Weise das Gesetz der Wiederholung hier wirksam war: Je öfter A seine Befürchtung bestätigt erhielt, um so mehr glaubte er daran und um so geringer wurde seine eigene kritische Urteilsfähigkeit. Die Wiederholung der gleichen Botschaft beeinflußt ihn so stark, daß er seine eingebildeten Symptome dem Arzt so überzeugend vorbrachte, daß auch für diesen an einer Erkrankung kein Zweifel mehr bestand.

Der Berufs-Lastwagenfahrer Franz G. überfuhr auf einem Fußgängerübergang einen Mann, der kurz darauf im Krankenhaus starb, ohne das Bewußtsein wiedererlangt zu haben. Die Polizei erschien am Unfallort, recherchierte und fertigte ein Protokoll an.
Zwei Zeugen gaben an, der Lastwagenfahrer sei ihrer Meinung nach mit überhöhter Geschwindigkeit gefahren und müsse wohl betrunken gewesen sein. Für diese Hinweise gab es zu diesem Zeitpunkt allerdings noch keine objektiven Beweise. Trotzdem waren sie in einer Meldung enthalten, die später an die Zeitungen weitergegeben wurde.
Tatsächlich enthielten anderntags die Meldungen in drei Zeitungen den Hinweis darauf, daß der Lastwagenlenker Franz G. vermutlich in betrunkenem Zustand und bei überhöhter Geschwindigkeit auf einem Fußgängerübergang einen Mann überfahren habe. Ihm sei deshalb auch der Führerschein abgenommen worden.
Als diese Berichte in den Zeitungen erschienen, wurde der Lastwagenfahrer von seiner Firma entlassen. Seine Kollegen beschimpften ihn wegen seines Verhaltens. Alle Beteuerungen seinerseits, daß alles gar nicht so gewesen sei, nützten nichts. Selbst die Nachbarn in seinem Wohnhaus sprachen nicht mehr mit ihm. Das konnte er nicht mehr ertragen. Er erhängte sich in einem Wäldchen am Rande der Stadt. Es nützte ihm deshalb nichts mehr, daß ihm eine Woche später der Führerschein wieder zugestellt wurde, weil die Ermittlungen ergeben hatten, daß Franz G. nicht nur nicht betrunken, sondern auf Grund der Bremsspuren auch keinesfalls mit überhöhter Geschwindigkeit gefahren sein konnte. Überdies hatte die Untersuchung des toten Fußgängers ergeben, daß er in hohem Grade alkoholisiert gewesen und aller Wahrscheinlichkeit nach selbst schuld an seinem Tod war.
Vermutlich könnte der Lastwagenfahrer noch leben, wenn nicht gleich drei Zeitungen eine Meldung verbreitet hätten, die unwahr war. Aber die Wiederholung in gleich mehreren Blättern, die noch dazu durch den weitverbreiteten Effekt: »Was in der Zeitung steht, muß stimmen« verstärkt wurde, schaltete bei den Empfängern dieser Botschaften eine kritische Prüfung der Botschaft nahezu völlig aus.
Während wir am Falle meines Schulfreundes die Wirkung des Wiederholungsgesetzes von der Warte des aktiv Manipulierenden aus verfolgten, zeigten die anderen Beispiele die Auswirkung auf passiv Manipulierte. Alle Beispiele bestätigen die Erfahrung, daß mit der Wiederholung einer Botschaft ihr vermeintlicher Wahrheitsgehalt steigt, die Wirkung ihrer Aussage vertieft und der manipulative Einfluß verstärkt wird.

Drei Varianten, die bei der manipulativen Wiederholung einer Botschaft besonders oft angewendet werden

1. Die stereotype Wiederholung

Wenn mein Schulfreund seiner Angebeteten immer wieder, und das über Monate hinweg, ein und dieselbe Botschaft signalisierte, können wir dies als »stereotype Wiederholung« bezeichnen. Sie wirkt allein durch die unerschütterliche Beharrlichkeit, mit der sie vorgebracht wird.
Die stereotype Wiederholung einer Formel führt desto eher zum Erfolg, je früher der Gegner seinen Vorteil für sich erkennt. Wenn beispielsweise ein Mann einer gar nicht so hübschen Dame immer wieder versichert: »Du bist wunderschön«, wird sie dies schon nach wenigen Malen glauben, weil sie selbst es glauben will. Eine Verstärkung und Variierung der Formel wird notwendig, wenn der Gegner einer Botschaft anfangs gleichgültig oder mißtrauisch gegenübersteht, wie es in unserem Beispiel der Fall war.
Hier ist es wichtig, den Zeitpunkt der einzelnen Wiederholung sorgfältig auszuwählen. Wie jeder aus eigener Erfahrung weiß, würdigen wir das Angebot eines anderen, uns zu helfen, kaum, wenn wir zu diesem Zeitpunkt keiner Hilfe bedürfen. Wenn er uns jedoch dasselbe Angebot macht, während wir uns von aller Welt verlassen fühlen, werden wir ihm dies »nie vergessen«.

2. Die quantitative Multiplikation

Je mehr Leute eine Botschaft oder auch nur eine Information bestätigen, um so glaubhafter wird sie. Zehn Zeugen, die das gleiche aussagen, wird mehr geglaubt als einem. Ab einer bestimmten Anzahl von Multiplikatoren verzichtet man sogar auf objektive Beweise, das Beispiel des Kraftfahrers Franz G. bestätigt dies.
Wenn jemand die Zustimmung einer »Mehrheit« für sich in Anspruch nehmen kann, sind meist alle weiteren kritischen Überlegungen von vornherein zunichte gemacht. Wobei, und das muß noch einmal betont werden, bereits sehr allgemein gehaltene Hinweise auf quantitative Verstärkungen, wie

- »Alle sagen, daß es richtig ist«, oder
- »Die meisten sind dafür«, oder
- »Kaum einer hat widersprochen«

große Wirkung zeigen. Von größerem Eindruck sind selbstverständlich imponierende Zahlenhinweise, die gelegentlich von Prozentzahlen ersetzt werden können.

- Wenn beispielsweise einer Sache fünf von zehn Personen zugestimmt haben, während sich die übrigen an dem Problem desinteressiert zeigten, sagt der versierte Manipulant nicht: »Fünf waren dafür.« Er sagt vielmehr: »Fünfzig Prozent aller Anwesenden stimmten dafür.«
- Stimmen hingegen von 4200 Leuten 2100 zu, hat die Anzahl eine so imponierende Größe, daß man sie nennen wird.

3. Die qualitative Verstärkung

Im Beispiel des Lastwagenfahrers Franz G. wurde der Bericht über einen Verkehrsunfall, der vermutlich von einem Polizeibeamten stammte, durch drei Zeitungen, die ihn vervielfältigten, ohne seinen Wahrheitsgehalt nachgeprüft zu haben, qualitativ verstärkt. Qualitativ deshalb, weil die allgemeine Tendenz besteht, etwas eher zu glauben, das »in der Zeitung steht«. Sehr viele Menschen neigen sogar dazu, eine Vermutung in der Zeitung als Tatsache anzusehen.

Wenn im ersten Manipulationsgesetz die Medien als einer der sechs wichtigsten Gegner angeführt sind, denen wir im täglichen Spiel der Manipulation gegenüberstehen, so mag dieses Beispiel ein Hinweis darauf sein, Gedrucktes nicht unkritisch und unbedingt als Wahrheit zu akzeptieren. Da die Medien selbst, also neben der Zeitung auch Fernsehen, Rundfunk und Bücher, bereits als glaubwürdigerer Mulitplikator angesehen werden als etwa ein Bekannter, der uns etwas erzählt, so sind gerade sie das Podium für eine weitere qualitative Verstärkung von Botschaften. Dies ist etwa der Fall, wenn eine Zeitung oder Zeitschrift berichtet: »Der amerikanische Wissenschaftler Professor Anthony Wyler stellte nach jahrelangen Versuchen und Beobachtungen an 4000 Frauen fest, daß die Anti-Baby-Pille bei Frauen mit niedrigem Blutdruck Krebs verursachen kann.«

Die Verstärkung dieser Botschaft tritt durch folgende Komponenten ein:

- Sie steht in der Zeitung.
- Ein Professor, ein Wissenschaftler, der überdies in Amerika lebt, besitzt ein außergewöhnlich hohes Maß an Glaubwürdigkeit.
- Diese wird durch den Hinweis verstärkt, daß er seine Erkenntnis nach »jahrelangen Versuchen und Beobachtungen« und dies bei »4000 Frauen« gewann.

Der Verstärkung durch das Medium und eine Person, die einen besonders hohen Grad der Glaubhaftigkeit besitzt, ist hier zusätzlich noch die quantitative Verstärkung durch die Vielzahl der Frauen hinzugefügt.

Es ist selbstverständlich, daß sich die Werbung, der Staat, die Politiker und ungezählte andere geschickte Verkäufer der Wirkung des »Manipulationsgesetzes der Wiederholung« für ihre Zwecke bedienen. Vorwiegend benützen sie die Methoden der »quantitativen Multiplikation« und der »qualitativen Verstärkung«.
Erst kürzlich hörte ich einige Wochen hindurch in meinem Autoradio immer wieder einen Werbespot, in dem der bekannte Autorennfahrer Jackie Stewart die Vorzüge einer bestimmten Automarke hervorhob, die – wie er sagte – mit Hilfe seiner Beratung zahlreiche Siege in irgendwelchen materialraubenden Rennen buchen konnte. Jackie Stewart ist zweifellos für eine bestimmte Gruppe von sportlich engagierten Autofahrern ein besonders glaubhafter Verstärker für eine Botschaft.
Besonders gerne werden immer wieder jene Gruppen von Experten als Beweise für Behauptungen herangezogen, die sich bei der großen Masse der Menschen einer besonderen Wertschätzung erfreuen. Diese basiert vor allem darauf, daß die Leistungen und Behauptungen dieser Experten für den Laien völlig unverständlich sind. Und für Dinge, die wir nicht verstehen, hegen wir grundsätzlich Ehrfurcht. Vorausgesetzt, sie werden uns glaubhaft präsentiert.
Wenn Ihnen beispielsweise ein Laie ohne Ehrfurchtsstatus die Wirkungsweise eines Computers erklärt, werden Sie ihm viel weniger Glauben schenken, als wenn es ein Mann tut, der Ihnen als hervorragender Computertechniker vorgestellt wurde, obwohl Sie dessen Ausführungen vermutlich viel weniger folgen können.
Einem Politiker würden Sie möglicherweise mißtrauen, wenn er Ihnen Zahlen über Erfolge nennt. Viel eher glauben Sie ihm, wenn er – und das noch über den Fernsehschirm – dieselben Zahlen als das Ergebnis der jahrelangen Ermittlungen einer Studienkommission von namhaften Fachleuten vorlegt. Obwohl es sich dabei von selbst versteht, daß er kaum Studienergebnisse zitieren würde, die für ihn nachteilig sind.
Weniger spektakulären Beispielen begegnen wir tagtäglich in allen anderen Bereichen unseres Lebens.

- Wenn Ihnen im Betrieb etwa ein Kollege die Spendenliste für ein Hochzeitsgeschenk der Sekretärin X vorlegt, werden Sie mit großer Sicherheit fragen: »Was geben denn die anderen?« Wenn alle anderen den Betrag Y geben, wird das für Sie ein akzeptabler Betrag sein.
- Wenn Sie im Werbeteil des Fernsehens hören: »Eine Million Hausfrauen benützen schon unsere Suppenwürze, ist das nicht ein Beweis dafür, daß sie gut sein muß?«, so hat diese Botschaft für Sie sicherlich große Glaubwürdigkeit, obwohl niemand Ihnen den Beweis für diese Behauptung liefern wird.

Alles das, was hier angeführt wurde, können Sie selbst in Zukunft zu Ihrem eigenen Vorteil ebenfalls anwenden.

Es spricht von Großmut, einem Gegner einen Fehler zu verzeihen. Aber es gibt viele Leute, die es meisterhaft verstehen, damit einen Vorteil für sich herauszuholen

Eine sehr weit verbreitete Methode, sich das Wiederholungsprinzip zunutze zu machen, ist die ständige Erinnerung an einen Fehler, eine Schwäche oder an die Unwissenheit. Dadurch wird das Selbstvertrauen des Gegners geschwächt und gleichzeitig die Position des Ausführenden gestärkt. In sehr vielen Fällen entsteht bei richtiger Anwendung dieser Methode nach einiger Zeit ein starkes Abhängigkeitsverhältnis.
Ein häufig anzutreffendes, geradezu klassisches Beispiel dafür gibt es im familiären Bereich. Hier nützen sehr viele Ehefrauen Fehler oder Schwächen ihrer Männer mit großer Virtuosität zur Erreichung eigener Vorteile aus. Erst kürzlich erzählte mir meine Frau so einen Fall bei einem uns bekannten Ehepaar.
Der Mann war nach einem günstigen Geschäftsabschluß nicht nach Hause gekommen. Er feierte mit seinem Partner noch bis in die frühen Morgenstunden in einer Bar. Getrunken wurde dabei nur Sekt, und es läßt sich denken, daß die Rechnung nicht unbeträchtlich war. Bei seiner Heimkehr gestand der Mann seiner Gattin sogar, daß sie die Hälfte des Gewinnes betrug, den das Geschäft ihm eingebracht hatte.
Meiner Frau gegenüber kommentierte die Bekannte dieses Ereignis anderntags mit den Worten: »Wissen Sie, mir tut das Ganze gar nicht besonders leid, obwohl ich meinem Mann natürlich die größten Vorwürfe gemacht habe. Aber jetzt werde ich ihm diese Sauferei wenigstens ein paar Monate lang unter die Nase reiben, dann schaut für mich wieder einiges heraus.«
Eine andere Variante dieser Methode ist noch raffinierter. Sie kombiniert Schmeichelei geschickt mit Abwertung. Die Formel dafür lautet:
»Für das, was du kannst und leistest, müßtest du mehr Geld verdienen oder eine bessere Position haben. Tu doch endlich etwas dagegen, dann könnten wir uns mehr leisten.«
Die ersten paar Male, wenn eine Frau das ihrem Mann sagt, wird er sich vielleicht geschmeichelt fühlen. Arglos wird er ihr von seiner Arbeit und seinen Fähigkeiten erzählen und sich in ihrer scheinbaren Bewunderung sonnen.
Doch schon beim nächsten Mal, wenn die Ehefrau das Gespräch geschickt auf den Geschirrspülautomaten lenkt, den sich eine Nachbarin angeschafft hat, wird sie ihre Botschaft ausbauen.
Sie wird sagen: »Die Frau N. hat mir erzählt, daß sie jetzt viel mehr Zeit für die Kinder hat. Wenn du mehr Geld nach Hause brächtest, könnten

wir uns auch so eine Geschirrspülmaschine leisten. Aber du tust ja nichts. Schau dir doch den N. an, der arbeitet viel weniger als du und verdient viel mehr.«

Der Mann wird diesen Vorwurf nicht auf sich sitzen lassen wollen und versprechen – um endlich Ruhe zu haben –, daß er etwas unternehmen will. Vielleicht weiß er zu diesem Zeitpunkt schon ganz genau, daß er nichts tun wird, weil es sowieso nichts nützen würde. Vielleicht aber wird er sich in seiner Freizeit eine Nebenbeschäftigung suchen. Sie wird mehr Geld ins Haus bringen und ihm das Lob seiner Frau einbringen.

Aber irgendwann kommt dann der Punkt, wo sie anfängt, ihm neuerliche Vorwürfe zu machen, daß er jetzt viel zu wenig Zeit für sie und die Familie habe. Und das Spiel beginnt von vorne. Immer wird sie im Angriff sein und er in der Verteidigung.

Allmählich – bei einem bestimmten Punkt der ständigen Wiederholung der Botschaft – wird er zu der Überzeugung kommen, daß er ein Versager ist, der für seine Familie nicht so gut sorgt wie andere Ehemänner. Zu diesem Zeitpunkt aber wird die Frau schon längst das Heft in der Hand haben und eigentlich alles durchsetzen, was sie durchsetzen will. Er wird zustimmen, nur um wenigstens ab und zu seine männliche Großzügigkeit zu demonstrieren.

Es braucht uns nicht zu wundern, daß es so viele Ehen gibt, in denen die Frauen ihre Männer ganz offensichtlich zu ihrem Vorteil manipulieren. Männer neigen ganz einfach dazu, sich ihren Frauen gegenüber Blößen zu geben. Ich kenne Frauen, die ihren Männern heute noch einen Seitensprung vorhalten, der schon vor zehn oder mehr Jahren stattfand. Das ist zwar eine recht einfallslose Methode, doch sie wirkt, wie mancher Leser vielleicht selbst recht gut weiß.

An dieser Stelle möchte ich Ihre Aufmerksamkeit noch darauf lenken, daß die oben beschriebene Methode des Schmeichelns und Abwertens zugleich keinesfalls allein von geschickten Ehefrauen zu ihrem Vorteil genützt wird. Zwei der häufigsten Bereiche, in denen sie angewendet wird, sind Werbung und Politik.

- In der Werbung wird der Konsument als potentieller Käufer umschmeichelt, andererseits wird alles unternommen, um ihn von dem Bedürfnis abhängig zu machen, für das ein bestimmtes Produkt eine Erfüllung verspricht. Nichts anderes als das geschieht, wenn wir im Werbefernsehen immer wieder drastisch vorgeführt erhalten, wie Zähne nacheinander ausfallen. Dazu hören wir die unterschwellige Drohung: Das wird auch dir passieren, wenn du nicht die Zahnpasta X verwendest.
- In der Politik umschmeicheln uns die Mandatsträger nach bestimmten Zeitabschnitten, damit wir ihnen zur Wahlzeit wieder unsere Stimme geben. Dann aber erlassen sie, um ein Beispiel aus der kommunalen

Verwaltung zu erwähnen, wieder ein paar Verbote für die Erziehung zur Unmündigkeit.

Ich selbst ertappe mich manchmal dabei, wie ich um Mitternacht mit dem Auto bei Rotlicht an einer Straßenkreuzung stehe und mich frage: »Wozu warte ich hier, bis die automatische Verkehrsampel auf Grün schaltet, wo doch weit und breit kein anderes Fahrzeug zu sehen ist?«

Das sind die permanenten Botschaften der Verwaltung, mit denen sie uns signalisiert: »Wir sagen dir, wann du die Straße überqueren darfst, denn du selbst bist zu dumm, um es zu beurteilen.«

Die permanente Wiederholung der unterschwelligen Formel: »Denk nicht. Du verstehst das nicht. Wir tun das für dich. Überlasse das nur uns. Wir wissen es besser«, ist zusätzlich noch mit der Strafdrohung verstärkt und manövriert uns allmählich in jene manipulative Abhängigkeit, in der sich auch der Ehemann befindet, der unter der Fuchtel seiner Gattin steht.

Die Anwendung dieser Methode durch die Verwaltung unterscheidet sich dabei von der Werbung in zwei wesentlichen Punkten:

- Der Manipulation durch die Werbung kann der Empfänger durch kritisches Urteil, aktive Lebenseinstellung und Kenntnis der Methoden begegnen. Ihm bleibt ein großer Raum freier Entscheidung, den er nach eigenem Ermessen und eigener Verantwortlichkeit nützen kann.
- Die Manipulation durch die Verwaltung reduziert die freie Entscheidungsmöglichkeit des einzelnen viel mehr. Das manipulative Spiel wird ohne Chancengleichheit geführt. Unter dem Mantel der Anonymität einer höheren Gewalt wird Erpressung durch Bestrafung zum legalen Instrumentarium, das der Eigeninitiative kaum mehr Raum läßt.

Fünftes Manipulationsgesetz

Die meisten Menschen werden in ihrem Handeln mehr von gefühlsmäßigen Einstellungen als von vernunftmäßigen Überlegungen bestimmt. Es sind Gefühlsregungen des Augenblicks, etwa Zorn und Freude, oder mit Gefühlen verbundene Wertvorstellungen, wie Ehrlichkeit, Männlichkeit, Ehre, Mut, die durch manipulative Impulse angesprochen werden können.
Wer es versteht, solche Voraussetzungen beim manipulativen Spiel für seinen Vorteil zu nützen, kann die Reaktionen des Gegners mit großer Wahrscheinlichkeit im voraus bestimmen.
Wer es versteht, zu seinen Gefühlen eine kritische Distanz zu gewinnen, schafft die Voraussetzung dafür, daß sie von Gegnern nicht zum eigenen Nachteil genützt werden.

Wenn Sie über die Macht der Gefühle Bescheid wissen, werden Sie von einem Tag auf den anderen vieles in Ihrem Leben ganz anders betrachten

Gleichgültig, für wie gescheit, intelligent, gebildet und emanzipiert Sie sich auch halten, Sie werden bei der Betrachtung Ihres bisherigen Lebens zugeben müssen: Alles, was Sie tun, wird letzten Endes mehr von Gefühlen als von rationalen Überlegungen bestimmt.

Wenn ehrgeizige Leute Millionen scheffeln und großartige Leistungen vollbringen, dann ist das natürlich auch auf ihre Fähigkeiten zurückzuführen. Aber der Motor für ihr Handeln ist, ob sie es eingestehen oder nicht, ein Gefühl, das sie meistens selbst nicht genau erklären können. Sie sagen etwa: »Ich liebe den Erfolg.« Oder: »Ich liebe es, Macht auszuüben.« Oder: »Geld macht mich glücklich.« Nicht selten begegnen wir Menschen, die aus Trotz schwindelerregende Karrieren machen. Irgend jemand hat ihnen einmal verächtlich gesagt: »Aus dir wird nichts, du bist viel zu dumm.«

Verletzte Eitelkeit hat ihnen Energie und Ausdauer verliehen, die nur dem einzigen Ziel dienten: »Ich werde dir beweisen, daß ich es schaffe.« Es ist deshalb nicht verwunderlich, daß kleingewachsene Männer oder häßliche Frauen sehr oft mehr Ehrgeiz und Machthunger entwickeln als andere. Sie wollen der ganzen Welt beweisen, »daß aus ›dem häßlichen Ding‹, das früher immer beiseite geschoben wurde, etwas geworden ist«.

Haben Sie schon einmal überlegt, welch entscheidende Rolle das Gefühl bei einer scheinbar so nüchternen Angelegenheit wie dem Kauf eines Autos spielt? Selbstverständlich werden Sie zuerst einmal überlegen, wieviel Geld Sie ausgeben wollen und was der Wagen monatlich an Benzin und Unterhalt kosten darf. Das ist eine durchaus vernunftmäßige Grundlage für Ihre Entscheidung. Viel weniger Zeit und Aufwand aber werden Sie für die Überlegung aufgewendet haben: »Brauche ich das Auto wirklich?« Erst kürzlich traf ich einen gut verdienenden jungen Mann, der mir stolz erzählte, er habe sich jetzt zu seinem abgefahrenen Volkswagen noch einen eleganten Jaguar aus zweiter Hand gekauft. Auf die Frage, was ihn dazu bewogen habe, meinte er strahlend: »Es ist halt doch etwas ganz anderes, wenn man ein Mädchen im Jaguar nach Hause bringt als in einem VW.«

Vielleicht sagen Sie jetzt »Typisch!« oder »Die jungen Leute wissen nicht, wohin mit ihrem Geld« oder »Der ist ja verrückt«. Wenn Sie das völlig unvernünftige Bedürfnis, etwas vor seinen Mitmenschen gelten zu wollen, für verrückt halten, dann haben Sie vollkommen recht. Aber Sie können sicher sein, daß Millionen Menschen ihre Autos nach genau diesem verrückten, unvernünftigen Grund kaufen oder auswählen.

Oder halten Sie es vielleicht für vernünftig, daß sich jeden Sommer Millionen Menschen auf den verstopften Straßen in den Urlaub quälen und stundenlang die Auspuffgase einatmen, die ihnen ihr Ventilator in den Wagen bläst? Oder wenn Sie neiderfüllt auf einen tollen Schlitten schauen, der neben Ihnen an einer Kreuzung hält. Mit größeren Reifen, mehr Blech, mehr Chrom, schnittiger, eleganter und mit mehr PS als Ihr eigenes Auto? Sie seufzen: »Das wäre mein Traum«, obwohl Sie ganz genau wissen müßten, daß er im Stadtverkehr auch nicht schneller fahren kann als Ihr Wagen.

Wissen Sie, daß Ihre und meine Welt ganz anders aussehen würde, wenn wir alles, was wir je gekauft haben, konsequent nach dem Grundsatz erstanden hätten: »Ich kaufe nur, was ich wirklich brauche!« Ich selbst hätte dann beispielsweise jetzt nicht in meinem Arbeitszimmer einen wunderschönen tragbaren Fernsehapparat stehen. Denn ich hätte vermutlich erkannt, daß der andere Fernseher in unserem Wohnzimmer für die ganze Familie vollkommen genügt.

Aber das ist nur ein Beispiel, das mir einfällt, während ich diese Zeilen schreibe. Wenn Sie die hier angeschnittene Frage näher untersuchen wollen, sollten Sie gleich jetzt Bleistift und Papier zur Hand nehmen und Punkt für Punkt aufschreiben, was Ihnen in den nächsten zehn Minuten auf die Frage einfällt: »Was habe ich im vergangenen Jahr gekauft, obwohl ich es nicht unbedingt brauchte?« Sie können dann noch zusätzlich am rechten Rand Ihres Papiers zusammenzählen, was alles gekostet hat.

Sehr bald werden Sie bei dieser Untersuchung merken, daß es für Sie gar nicht einfach ist, gewisse Einkäufe nach der Alternative »vernünftig« oder »unvernünftig« zu motivieren. Sie werden möglicherweise sagen:

»Na ja, das braucht man einfach.«

Oder, wie sehr viele Leute ihren Autokauf begründen:

»Ohne Auto ist man doch kein richtiger Mensch.«

Auch: »Mit einem Auto bin ich unabhängiger.«

Sind das wirklich zutreffende und zwingende Gründe für einen Kauf? Für Sie mag die Begründung: »Das braucht man einfach« zwingend genug sein. Eines ist sie jedenfalls nicht: vernünftig, wenn wir Vernunft der gefühlsmäßigen Kaufmotivation gegenüberstellen.

Ich schreibe hier die ganze Zeit nur von Einkaufen und Geldausgeben. Aber das ist natürlich nur ein einziger Bereich, der für unser Leben von Bedeutung ist, bei dem allerdings der Einfluß ganz besonders deutlich wird, den Gefühle auf uns ausüben.

Wir lieben es, uns immer wieder als die großartigen, vernunftbegabten Wesen herauszustellen, die wir angeblich sind. Aber in Wahrheit werden wir doch von unseren Gefühlen bestimmt. Und zwar in einem Ausmaß, wie es der schon zitierte Ernesto Grassi andeutet, wenn er in seiner Darstellung der Merkmale des Massenmenschen behauptet:

»An die Stelle der Vernunft treten Gefühl und Trieb. Daher die große Beeinflußbarkeit der Massen, die nicht aus Überlegung und Einsicht handeln, sondern allein durch Emotion gelenkt werden.«
Millionen Menschen reagieren mit einer vorausberechenbaren Gewißheit auf ganz bestimmte Manipulationssignale nahezu identisch, wenn ihre Gefühle angesprochen werden. Vorausgesetzt, die Leute, die diese Signale geben, beherrschen das Instrumentarium, mit dem Gefühle als Handlungsimpulse eingesetzt werden können.
Wie könnte es sonst möglich sein, daß irgendwo einer befiehlt: »Ab heute sind superkurze Höschen die große Mode«, und morgen schon laufen in der halben Welt die Frauen in Hot pants herum. Oder ein Sänger taucht auf und singt ein Lied, mit dem er die tiefen Sehnsüchte anklingen läßt, die in uns allen schlummern. Und schon drehen sich seine Schallplatten auf ungezählten Plattentellern. Gar nicht zu reden von Rauschgiftsucht und Heldentum und ähnlichen völlig unvernünftigen Dingen, für die Leute sogar bereit sind, ihr Leben aufs Spiel zu setzen.
Soll das etwa heißen, werden Sie jetzt vermutlich fragen, daß die Gefühle abgeschafft werden sollen, daß wir nicht danach handeln sollen?
Ganz im Gegenteil. Das wäre nicht nur unmöglich, es wäre schrecklich. Darum geht es hier auch gar nicht. Es geht vielmehr darum aufzuzeigen, in welchem Maße die Gefühle uns beherrschen und in welchem Maße unsere Gefühle dazu benützt werden, uns zu beeinflussen.
Als ich noch in einer Werbeagentur als Texter arbeitete, hatten wir in unserem Arbeitsraum ein riesiges Schild an der Wand hängen mit der Aufschrift: »Sprich nur ein einziges Mal das Gefühl des Käufers an, und du ersparst dir hundert gescheite Argumente.«
Ich weiß nicht, wer diesen Satz formuliert hat, aber ich weiß eines ganz gewiß: Man kennt ihn seit Menschengedenken und seit genau derselben Zeit wird er mit größtem Erfolg in der Praxis der Manipulation von Menschen angewandt.
Lassen Sie mich noch einmal wiederholen, was Professor Grassi weiter gesagt hat: »Wer sich den Beifall der Massen sichern will, wird sich an der unteren Intelligenzgrenze orientieren und auf logisches Argumentieren verzichten. Die Masse ist leichtgläubig und gibt sich – eine immer wieder bestätigte Beobachtung – kritiklos einander ablösenden Rednern hin, mögen ihre Aussagen einander auch noch so sehr widersprechen.«
Sie können nun natürlich in den so populären Choral einstimmen mit dem Refrain: »Nieder mit diesen Rednern, nieder mit den Manipulanten.« Sie können die Manipulation verdammen und die Manipulierten bedauern. Auch die Selbstbemitleidung ist ein Gefühl, dem sich die Menschen massenweise hingeben. Als Entschuldigung dafür, daß sie selbst nichts gegen die Manipulanten unternehmen. Aber was nützt uns dieses Selbstmitleid in der harten Praxis des Lebens?

Warum es kein Zufall ist, daß wir Mut für gut halten, aber Feigheit für schlecht – und nicht umgekehrt

Die Manipulation mit unseren Gefühlen, der wir ständig ausgesetzt sind, ist vor allem darauf zurückzuführen, daß wir von einer Vielzahl von gefühlsbetonten Wertvorstellungen abhängig sind, die unsere Entscheidungen und unser ganzes Leben beeinflussen. Zu diesen Vorstellungen gehören bekannte Begriffe wie:

- Ehre
- Treue
- Mut
- Gerechtigkeit
- Gehorsam
- Ordnung
- Disziplin
- Ehrlichkeit
- Männlichkeit

und noch ungezählte andere.

Wir haben gelernt, mit ihnen zu leben, sie zu beachten und uns danach zu richten. Obwohl diese Maßstäbe dazu dienen, für uns alle eine Richtschnur unseres Handelns zu sein, hat jeder einzelne von uns dazu seine ganz persönliche Beziehung. Für den einen bedeutet vielleicht Ehrlichkeit viel mehr als für den anderen. Dafür kann es verschiedene Gründe geben. Einer der Gründe könnte sein, daß es bequemer ist, ehrlich zu sein als unehrlich.

Wenn ein Geschäftsmann beispielsweise bis auf den letzten Groschen alle Steuern bezahlt, die der Staat von ihm verlangt, darf er für sich in Anspruch nehmen, ehrlich zu sein. Er kann, wie man so sagt, ein gutes Gewissen haben. Vor allem aber braucht er sich nicht damit abzumühen, Wege und Umwege zu finden, um dem Finanzamt immer neue Schnippchen zu schlagen. Gar nicht zu reden von der Angst, daß er einmal erwischt wird.

Andere wieder nehmen die größten Opfer auf sich, um mutig oder männlich zu erscheinen. Nichts geht ihnen über das Gefühl des Triumphes, wenn sie auf der Autobahn einen anderen Wagen überholen, wenn sie möglichst viele Frauen dazu kriegen, mit ihnen ins Bett zu gehen, oder wenn sie am Freitag für ihren Wochenlohn im Stammgasthaus ihre Freunde freihalten. Manchen genügt es schon, bei einer Meinungsverschiedenheit einmal kräftig zuzuschlagen. Alles das gibt ihnen das Gefühl der Männlichkeit.

Frauen wieder halten es für besonders weiblich, wenn ihr Haushalt und die Wohnung blitzsauber sind, besonders dann, wenn Gäste kommen. Denn eines ist unerläßlich zur Befriedigung von Männlichkeit, Fraulichkeit, Treue oder Ehre: Die Würdigung durch andere.
Alle diese Vorstellungen und auch das Bemühen, ihnen gerecht zu werden, sind für die meisten Menschen ein tiefverwurzeltes Bedürfnis. Sie rühmen sich dessen, sie weisen bei jeder sich bietenden Gelegenheit darauf hin, manchmal machen sie sogar ihr Schicksal davon abhängig.
Wir alle kennen gebräuchliche, immer wiederkehrende Standpunkte wie diese:
»Als Mann stehe ich zu meinem Wort.«
»Aus Treue zur Firma habe ich ein verlockendes Angebot abgelehnt.«
»Auch wenn ich persönlich anderer Meinung bin, so erfülle ich trotzdem meine Pflicht.«
»Ehrlich währt am längsten.«
»Wenn bei der Konfirmation alle Mädchen ein weißes Kleid tragen, soll meine Tochter nicht zurückstehen, auch wenn ich es mir nicht leisten kann.«
»Vaterlandstreue geht mir über alles.«
»Disziplin muß mit allen Mitteln erhalten werden.«
»Recht und Ordnung erhalten den Staat.«
»Lieber fair verlieren als unfair siegen.«
Solche und manch andere Maßstäbe sind uns von Kindheit an ein Leben lang eingebläut worden. Sie können deshalb nicht falsch sein. Sie sind sozusagen über jeden Zweifel erhaben. Es kann ganz einfach gar nicht anders sein:

- Kinder müssen »zur Ehrlichkeit erzogen werden«.
- In der Schule und im Betrieb muß »Ordnung herrschen«.
- Lehrern, Eltern und Vorgesetzten gegenüber ist »Respekt und Gehorsam« zu üben.

Die Einschätzung unseres persönlichen Verhaltens wird von diesen Maßstäben und Einflüssen entscheidend bestimmt.
Ist es ein Zufall, daß es sie gibt?
Natürlich nicht. Wir alle sind daran interessiert, daß es sie gibt. Denn wir profitieren davon. Die Bereiche der gefühlsbetonten Wertvorstellungen sind das größte Spielfeld der gegenseitigen Manipulation.
Wer es versteht, seine Gefühle durch kritische Urteilsfähigkeit zu kontrollieren, wird ihr weniger erliegen als jemand, der in seinen Entscheidungen vorwiegend emotionell beeinflußt und von Gefühlen abhängig ist. Es versteht sich dabei von selbst, daß die Kenntnis der Zusammenhänge zwischen Gefühlen, Verhaltensklischees und deren Kontrollierbarkeit eine Grundvoraussetzung dafür ist, sie anderen gegenüber zum eigenen Vorteil einzusetzen.

Diese Kenntnis, das muß hier betont werden, kann sich jedoch nur aneignen und für die Praxis umsetzen, wer imstande ist, sich von der Abhängigkeit herkömmlicher Wertmaßstäbe weitgehend zu befreien und sie als das zu sehen, was sie tatsächlich sind: als Instrumente der Manipulation. Es gibt schließlich keine einleuchtenden Begründungen dafür, warum Methoden der Menschenbeeinflussung, die seit Jahrtausenden von Wissenden und Herrschenden angewandt werden, nicht von jedem einzelnen auch verstanden und in der Praxis zu seinem eigenen Vorteil eingesetzt werden sollten.

Feldherrn aller Zeiten hätten es beispielsweise unendlich schwer gehabt, Kriege zu führen, wenn es ihnen nicht gelungen wäre, ihren Unterführern und Soldaten den Mut als eine der höchsten männlichen Tugenden einzureden. Sie scheuten sich bis zum heutigen Tage nicht, diese für das Kriegshandwerk unerläßliche Voraussetzung zu erhalten und durchzusetzen. Und zwar mit den Mitteln, die dazu erforderlich sind:

- Mit der vielschichtigen Palette raffinierter Schmeichelei, wie sie Orden in allen Rangstufen, Beförderungen oder öffentliches Helden-zur-Schau-Stellen bieten.
- Mit der Androhung von Bestrafung für Feigheit, wobei die Liste der Abschreckung von gesellschaftlicher Verachtung bis zur Todesstrafe reicht.

Die Methode der Beeinflussung durch Schmeichelei und Drohung begegnet uns in unüberschaubarer Vielfalt in nahezu allen Lebensbereichen und spornt uns zu immer neuen Opfern und Leistungen an. Sie ist ein Bestandteil des manipulativen Spiels zwischen Eltern und Kindern, Lehrern und Schülern, Kirche und Gläubigen, Staat und Bürgern, Vorgesetzten und Untergebenen oder Verkäufern und Käufern.

Der Großteil unseres Denkens und Handelns spielt sich in einer Welt der Gefühle ab, von denen wir abhängig sind. Es ist vorwiegend eine Scheinwelt, in der die Diskrepanz zwischen vernunftmäßigen Erkenntnissen immer wieder in Widerspruch zu unserer emotionellen Abhängigkeit gerät. Andererseits ist es bequemer, vorgegebenen Verhaltensklischees nachzugeben, als sich der Mühe zu unterziehen, eigene, speziell auf uns zugeschnittene Maßstäbe aufzustellen und sie auch zu befolgen.

Als ich noch Polizeireporter bei einer Tageszeitung war, versuchte ein mehrfacher Mörder namens Bergmann einen Überfall auf einen Geldbriefträger. Er wurde in die Flucht geschlagen und rannte die Straße hinunter, in der Hand eine geladene Pistole. Ein junger Bursche sah den Flüchtenden und stellte sich ihm entgegen. »Hau ab, sonst knall' ich dich nieder«, schrie ihn Bergmann an. Aber der Bursche war so besessen davon, mutig zu sein, daß er keinen Augenblick damit verschwendete, die Lage und seine Chancen vernünftig zu überdenken.

Bergmanns Schuß streckte ihn sofort nieder und traf ihn so unglücklich, daß er sich bis heute, zwanzig Jahre später, halb gelähmt in einem Rollstuhl fortbewegen muß. Die Zeitungen waren damals voll mit Lobeshymnen auf den »Helden von Fünfhaus«, wie wir ihn getauft hatten. Aber nichts ist mehr daran zu ändern, daß er sich damals nicht entscheiden konnte, ein paar Sekunden lang feige zu sein – und gesund zu bleiben. Wir alle verhalten uns tagtäglich nicht anders, wenn wir modern, ehrlich, diszipliniert oder männlich sein wollen.

Wie man seine Abhängigkeit von Gefühlen besser kontrolliert und damit verhindert, daß andere es tun

Eines muß von Anfang an festgestellt werden: Wenn wir in einer Welt der vollkommen echten Gefühlsäußerungen lebten, wäre es sinnlos, über die Kontrolle von Gefühlen zu reden. Aber diese Welt ist eine Utopie. Wenn einer sagt: »Ich liebe dich«, ist es keinesfalls sicher, ob er nicht meint: »Ich will mit dir ins Bett« oder »Heirate mich, dann bin ich versorgt«. Wenn ein Politiker sagt: »Wähle mich, ich setze das einzig richtige Programm für dich durch«, darf man sicher sein, daß sich hinter diesem Versprechen unter anderem auch die Absicht verbirgt: »Wähle mich, denn ich will an den Schalthebel der Macht und mir auf diese Weise persönliche Geltung verschaffen.« Wenn einer mir ein Auto verkaufen will, weil es angeblich haargenau auf meine Bedürfnisse zugeschnitten ist, dann darf ich ganz sicher sein, daß er vor allem an die Provision denkt, die für ihn dabei herausspringt.

Die Scheinwelt der vorgeschobenen Gefühlsappelle ist so verwirrend, daß es kaum mehr gelingt, uns darin zurechtzufinden. Ich sage »wir« und meine uns alle, auch jene, die sich offensichtlich schon eine Position auf der Seite der professionellen Manipulanten erobert haben.

Vor einigen Jahren bat mich ein Politiker zu sich, um von mir einen Rat über ein Millionen-Projekt einzuholen. Als wir es uns in seinem Arbeitszimmer bequem gemacht hatten, holte ich meine Unterlagen aus der Aktenmappe, um an Hand von Untersuchungen und Zahlen meine Meinung darzulegen. Er aber winkte ab. Die erste Frage, die er stellte und die ihn mehr als alles andere zu interessieren schien, lautete: »Neulich war ein Bild von mir in den Zeitungen. Es zeigt, wie ich die Sängerin X küßte. Was meinen Sie, nehmen mir das die Leute übel?«

Sie sehen: Wer und was wir auch sind, für wie überlegen und gescheit wir uns auch halten mögen, wir sind doch noch lange nicht vor der Abhängigkeit von bisweilen geradezu lächerlich erscheinenden Gefühlsbindungen gefeit.

Wir kaufen kaum mehr das, was wir tatsächlich brauchen. Wir kaufen immer mehr, um gefühlsmäßige Bedürfnisse zu befriedigen. Die Leute, die es uns verkaufen, wissen das ganz genau. Sie fördern diese Bedürfnisse und gehen darauf ein. Sie »packen uns bei unserer Ehre«, sie sprechen unser Geltungsbedürfnis an, versprechen uns Erfüllung für unsere unerfüllten Wünsche. Diese Wünsche zu erwecken und in uns wachzuhalten, dem gelten ihre ständigen Anstrengungen. Sie nützen unser Bestreben, dem gerecht zu werden:

- Was wir vor den anderen sein möchten.
- Was wir selbst tun möchten.
- Was die allgemeinen Maßstäbe uns vorschreiben.

Das ist das Spielfeld vielfältiger Manipulationen, in dem jeder für sich vom anderen seinen Anteil holen will. Dem einen gelingt es mehr, dem anderen weniger. Der eine holt sich mehr Anteil an Befriedigung, der andere geht leer aus und verstrickt sich immer mehr in die Frustration der unerfüllten Wünsche. Seine Gläubigkeit in manipulative Versprechungen nimmt in dem Maße zu, in dem er aufhört zu versuchen, selbst Maßstäbe für sich festzulegen und die Versprechungen, die an ihn herangetragen werden, daran zu messen. Gleichzeitig wächst die Abhängigkeit von den Verhaltensklischees.

Die Frage, die sich stellt, lautet: Wie können wir unsere Abhängigkeit besser kontrollieren, damit es nicht die anderen tun?

Ich möchte Ihnen hier die Geschichte des Ehepaares Gerda und Hans G. erzählen. Beide stammen aus, wie man so schön sagt, gutbürgerlichen Elternhäusern. Ich kann mich bis heute des Eindrucks nicht erwehren, daß eigentlich nicht sie einander geheiratet haben, sondern daß sie von ihren Eltern zusammengeführt und in diese Ehe hineingelockt wurden.

Tatsächlich paßten die beiden, oberflächlich betrachtet, wirklich gut zusammen. Beide sahen gut aus, waren wohlerzogen, und man konnte ihnen eine ganze Anzahl der üblichen Attribute wie freundlich, fleißig, gesellig oder nett zuordnen.

Nach zwei Jahren Ehe stellte sich dann aber doch heraus, daß das alles für ein dauerhaftes, glückliches Zusammenleben nicht genügte. Es kam immer öfter zu Unstimmigkeiten, und wenn ihre Eltern nicht gewesen wären, hätten sie sich vermutlich bald wieder scheiden lassen.

Da dieses Paar bei uns regelmäßig zu Gast war, hatten meine Frau und ich von Anfang an einen recht guten Einblick in die Entwicklung dieser Ehe, zumal die jungen Leute immer mehr Neigung zeigten, ihre Probleme mit uns zu besprechen, je mehr sie sich zuspitzten.

Ich muß vorausschicken, daß die beiden sehr klar abgegrenzte Kompetenzen in ihrem Zusammenleben vereinbart hatten, über die sie geradezu eifersüchtig wachten. Sie versuchte das zu sein, was man allgemein eine vorbildliche Hausfrau nennt. Und obwohl sie halbtags als Sekretärin arbeitete, war ihr Haushalt stets in Ordnung. Auch bemühte sie sich, wie sie bei unseren Gesprächen oft betonte, ihrem Mann eine »liebende Gattin« zu sein. Er hingegen sah seine Funktion vorwiegend darin, im Beruf seinen Mann zu stehen, dafür zu sorgen, daß es an nichts fehlte, das Geld so zu disponieren, daß alles da war, was man eben so haben muß. Eigentlich fehlte in dieser Ehe nur noch ein Kind. Aber auch das war schon eingeplant. Allerdings erst für einen Zeitpunkt, zu dem man »es sich würde leisten können«.

Die hier verwendeten Ausdrücke, wie »im Beruf seinen Mann stehen« oder »dafür zu sorgen, daß es an nichts fehlte«, stammen keinesfalls von mir. Sie gehörten vielmehr zum oft verwendeten Sprachrepertoire der beiden. Es handelte sich also hier, wie deutlich zu erkennen ist, um ein typisches Musterehepaar, und ich sagte manchmal zu meiner Frau, ich könne mir die Eltern dieser beiden sehr gut vorstellen, die ihnen diese Verhaltensklischees schon von Kindheit an eingelernt hatten.

Man brauchte kein großer Menschenkenner zu sein, um vorauszusehen, daß Gerda und Hans G. Rollen spielten, denen sie auf Dauer aus ganz natürlichen Gründen nicht gerecht werden konnten. Der Unterschied zwischen dem, was sie beide wirklich tun wollten, und dem, was ihnen ihre Rolle vorschrieb, war ganz einfach unüberbrückbar.

So kam es dann auch zur allmählichen Demaskierung, bei der sich zusehends zeigte, daß sich hinter den gespielten Rollen zwei ganz gewöhnliche Menschen verbargen, die gar nicht so freundlich, gar nicht so nett, gar nicht so männlich, fraulich und vorbildlich waren, wie sie glaubten, sein zu müssen.

Ich erinnere mich noch sehr gut an jenen Abend, als die beiden uns ihr Leid klagten und davon sprachen, ob es nicht tatsächlich besser wäre, sich zu trennen. Eltern hin, Eltern her. Es mangelte dabei nicht an gegenseitigen Vorwürfen und an der ganzen Bitternis, wie sie in solchen Krisen wohl in jeder Ehe üblich sind.

Da meine Frau und ich all das aus eigener Erfahrung recht gut kannten, schlugen wir ihnen etwas vor, was ich »Spiel der Klischee-Verleugnung« nannte. Die Spielregeln dazu lauten folgendermaßen:

- Beide sollten sich dazu bekennen, daß sie sich außerstande sahen, in ihrer Ehe die Rollen zu spielen, die zu spielen sie ursprünglich vorgehabt hatten.
- Dann würde ich als neutraler Schiedsrichter abwechselnd einem von ihnen als Stichwort eine Eigenschaft nennen, die der Angesprochene verleugnen und mit einer auf sich zutreffenden Begründung versehen müßte.

Die beiden erklärten sich bereit, dieses Spiel zu spielen. Sie taten es mit dem Hinweis, daß sie sowieso nichts mehr zu verlieren hätten. Als Regel wurde auch vereinbart, daß keinerlei Selbstentschuldigungen zulässig seien. Außerdem sollte der Partner jedes Mal die Möglichkeit haben, die Aussagen des anderen zu ergänzen.

Anfangs machte es den beiden natürlich einige Schwierigkeiten, Dinge zu verleugnen, die sie bisher mit allen Mitteln als die wichtigsten Spielregeln ihres Zusammenlebens betrachtet hatten. Es fiel ihnen aber leichter, als sie sich daran erinnerten, daß es nur ein Spiel sei, und da könne man so etwas ja ruhig machen.

Später jedoch vergaßen sie allmählich das Spiel, sie steigerten sich immer

mehr – von mir dazu aufgestachelt – in ihre tatsächliche Ehesituation hinein.
Den Höhepunkt erreichte das Ganze, als ich zu Frau G. sagte:
»Sie wollen Ihrem Mann immer eine liebende Gattin sein und sind glücklich, für ihn den Haushalt führen zu dürfen.«
Da brach aus ihr die ganze Verbitterung heraus, die sich zwei Jahre lang aufgestaut hatte. Ich weiß nicht mehr den genauen Wortlaut, aber sie sagte, nein, sie schrie, während Tränen über ihre Wangen rannen, etwa folgendes:
»Nein, nein, nein. Ich habe es satt, das gute Hausmütterchen zu sein. Ich möchte leben, ganz einfach leben und mich nicht immer als Musterweibchen aufspielen.« Sie hasse das ganze Theater, das sie beide ihren Eltern und ihrer Umgebung vorspielten, nur um den Anschein zu erwecken, daß ihre Ehe glücklich sei.
Sie beklagte auch die Monotonie ihrer sexuellen Beziehungen, die schon längst nicht mehr stimmten. Wenn man sich lieben möchte, so meinte sie, sollte man es tun. Nicht nur am Wochenende, sondern auch am Morgen vor dem Aufstehen, wenn man Lust dazu verspürte. Das ewige Argument ihres Mannes »Aber doch nicht jetzt, sonst kommen wir zu spät zur Arbeit« sei ganz einfach lächerlich.
Das ganze Spiel dauerte an die vier Stunden. Ich möchte mich damit begnügen zu erwähnen, daß es den versöhnlichen Ausgang nahm, der zu erwarten war. Beide hatten sich Dinge gesagt, die einzugestehen sie bisher nicht gewagt hatten, aus Angst davor, aus einer Rolle zu fallen, die ihnen eingelernt worden war und von der jeder meinte, »es müßte eben so sein«. Hier waren sie plötzlich dazu veranlaßt worden, diese Rolle zu verleugnen und auszusprechen, was sich dahinter verbarg. Als das getan war, fühlten sie sich, um ihre eigenen Worte zu gebrauchen, »als völlig neue Menschen, die es gewagt hatten, aus einem Käfig auszubrechen«.
Ich möchte als die wichtigste Erkenntnis dieser Geschichte eines betonen: Die Veränderung trat dadurch ein, daß die beiden jungen Leute ihre angelernten Verhaltensklischees leugneten. Sie legten ihr »das sagt man nicht« ab und sprachen aus, was sie selbst schon längst als für sie wichtig erkannt hatten. Sie »brachen aus dem Käfig aus« und distanzierten sich von den Klischees.
Diese Entscheidung ist die Voraussetzung dafür, aus den Verhaltensnormen auszubrechen und sie besser unter Kontrolle zu bekommen.
Vertiefen wir diese Erkenntnis mit einem weiteren Beispiel: Nehmen wir an, daß ein Polizist Sie in Ihrem Auto auf der Straße anhält und behauptet, Sie hätten diese oder jene Verkehrsvorschrift nicht beachtet. Ihr eingelerntes Gefühlsverhalten signalisiert Ihnen automatisch: »Respekt vor der Autorität. Er vertritt das Gesetz. Er hat deshalb von vornherein recht. Ich bin der Beschuldigte.«

Tatsächlich wird sich der Beamte auch dementsprechend verhalten. Er wird sich als Autorität aufspielen und sich hinter irgendeiner Vorschrift verschanzen. Er wird sofort die Rolle des Anklägers übernehmen und Ihnen die Rolle des Beschuldigten zuweisen.
Wenn ihm dies gelingt, weil Sie die allgemeingültige Rollenverteilung akzeptieren, läuft die folgende Konfrontation in der üblichen Weise ab. Es ist dabei gleichgültig, ob der Polizist Sie nicht bestraft, weil er gut gelaunt ist und noch einmal »Gnade vor Recht ergehen läßt«, oder ob er stur bleibt und kassiert.
Dies ist die eine Version des manipulativen Spiels zwischen Ihnen und dem Beamten, in der Sie von vornherein die vorgegebene Rollenverteilung akzeptieren. Es ist müßig zu betonen, daß diese Rollenverteilung zum wohlüberlegten Manipulationsrepertoire gehört, mit dem der Staat und seine Behörden operieren. Die Voraussetzung dafür, daß es tatsächlich auch im Sinne der Bürokratie funktioniert, ist allerdings, daß Sie ihre Autorität von vornherein anerkennen, sie fürchten und respektieren.
Spielen wir nun die andere mögliche Version Ihres Verhaltens gegenüber dem Polizisten durch. Er hält Sie also an und versucht, seine überlegene Position als Autoritätsperson von vornherein zu behaupten. Sie begegnen diesem manipulativen Manöver nun mit der vom üblichen Klischeeverhalten abweichenden Einstellung: Sie leugnen die Autorität des Polizisten und ignorieren seine Bemühungen, sich hinter irgendeiner Vorschrift zu verschanzen. Damit schaffen Sie die völlig andere Ausgangsposition, in der Sie ihm als gleichwertiger Gegner im folgenden manipulativen Spiel gegenübertreten können.
Ihr Vorgehen besteht aus drei Schritten:

1. Schritt

Sie treten ihm nicht als Beschuldigter gegenüber, der dem Autoritätsklischee den erwarteten Respekt erweist. Damit können Sie die Aktion aktiv beginnen, anstatt mit einer defensiven inneren Einstellung. Der Gegner in diesem manipulativen Spiel hingegen ist mit einer unerwarteten Situation konfrontiert, die nicht in sein Erwartungsbild paßt. Er wird verunsichert sein und versuchen, eine anonyme Vorschrift vorzuschieben, in der Erwartung, daß er Sie damit entwaffnet.

2. Schritt

Sie bleiben weiter im Angriff, indem Sie versuchen, die Autorität dieser Vorschrift ebenso zu leugnen wie den Respekt vor der Amtsperson. Sie

bemühen sich, die Sinnlosigkeit der Vorschrift zu beweisen, indem Sie eine Anzahl keineswegs konkreter, sondern viel eher eindrucksvoller Argumente ins Treffen führen. Etwa, daß diese Vorschrift von irgendwelchen Leuten erlassen wurde, die von der Praxis keine Ahnung gehabt hätten, und daß sie sich durch die Explosion des Straßenverkehrs schon längst überholt habe.
Sie streuen vielleicht auch eine rhetorische Frage ein, wie: »Wissen Sie überhaupt, wann diese Vorschrift gemacht wurde?« Wenn er es nicht weiß, haken Sie nach und tun so, als wüßten Sie ganz genau, daß dies vor undenklichen Zeiten geschehen sei. Daraus ziehen Sie den Schluß, ohne auf die tatsächliche Jahreszahl, die Sie natürlich selbst auch nicht wissen, weiter einzugehen, daß er, der Polizist, diese völlig sinnlos gewordene Sache nun auszubaden habe. Sie drücken dem Polizisten nachdrücklich Ihr Mitgefühl dafür aus.

3. Schritt

Nach diesen vorbereitenden Manövern, die der Verunsicherung Ihres Gegners dienen sollten, gehen Sie zum eigentlichen Gegenangriff über, indem Sie genau das tun, was er ursprünglich mit Ihnen tun wollte: Sie nageln ihn bei einem der Gefühlsklischees fest, von dem Sie glauben, daß er davon abhängig ist.
Sie packen ihn beispielsweise bei seiner Ehre, indem Sie ihm darlegen, daß er die Macht habe, nach eigenem verantwortungsbewußtem Ermessen Verkehrsregeln zeitweise außer Kraft zu setzen. Daß also die Entscheidung letztlich auf seinen Schultern liege. Schließlich sehe er auch nicht danach aus, als wäre er so feige, sich hinter einer Vorschrift zu verschanzen, wenn er eingesehen habe, daß diese Vorschrift nicht mehr der Realität entspräche.
Sie können abschließend auch noch von ihm fordern, daß er bei seinen vorgesetzten Behörden beantrage, diese Vorschrift zu ändern.

Dies ist – wie gesagt – ein rein spielerisches Verhaltensmodell, das sich auf die bisherigen Erkenntnisse des fünften Manipulationsgesetzes bezieht. Ich selbst kann Ihnen aus meiner eigenen Praxis allerdings bestätigen, daß es genauso, wie ich es hier beschrieben habe, mit Erfolg verwirklichbar ist. Der Erfolg dabei hängt nicht zuletzt von Ihrer richtigen Einschätzung des Gegners ab.
Natürlich ist es so, daß der Polizist in Wahrheit immer die bessere Position besitzt. Wenn er auf keine Ihrer manipulativen Manöver reagiert und stur dabei bleibt, daß Vorschrift nun eben Vorschrift sei, wird er letztlich den Sieg davontragen.

Darum geht es hier jedoch im wesentlichen nicht. Es geht vor allem darum, uns gegen Manipulation zu schützen, und zwar durch Verleugnung und In-Frage-Stellung etablierter Gefühlsklischees.
Da wir Manipulation als Spiel im Bereich der zwischenmenschlichen Beziehungen betrachten, wollen wir durch aktive Maßnahmen unsere Chancen wahren, einen Sieg zu erringen, wo eine Niederlage vermeidbar ist. Denn jeder Sieg, das wissen wir, stärkt unser Selbstbewußtsein, jede Niederlage schwächt es.
Wir haben nun am wirklichen Beispiel einer Ehekrise und am konstruierten Beispiel der Konfrontation mit einer Autoritätsperson kennengelernt, daß es durch das Prinzip des Leugnens anerzogener Gefühlsklischees möglich ist, diese Abhängigkeiten unter unsere Kontrolle zu bringen. Dasselbe gilt natürlich auch für alle anderen Klischees, die unser Verhalten bestimmen.

- Ein Ehemann, der seiner Frau gegenüber von vornherein erklärt, er halte nichts von sogenannter Männlichkeit, er sei vielmehr ein Mann mit allerhand Fehlern und Schwächen, mit denen sie sich nun einmal abfinden müsse, nimmt ihr damit den Wind aus den Segeln. Er kann ihren Appellen: »Sei doch ein Mann und tue dies oder jenes« gelassen entgegensehen. Es wird ihr nicht gelingen, in ihn ein Schuldgefühl zu pflanzen, das sie nach Bedarf zu ihrem Vorteil nützen kann.
- Ein Verkäufer, der Ihnen etwas mit dem Hinweis verkaufen will, es sei das Modernste, das es gerade auf dem Markt gebe, wird sofort daran gehindert, Ihr Geltungsbedürfnis auszunützen, wenn Sie ihm sagen: »Ich will überhaupt nicht modern sein. Ich möchte dafür aber genau das, was meinen Vorstellungen und Verhältnissen entspricht.«
- Nichts entwaffnet schließlich einen Gegner im täglichen manipulativen Spiel so sehr, als wenn Sie auf die Aufforderung: »Aber seien Sie doch nicht so feige« erwidern: »Ob Sie es glauben oder nicht, ich bin feige. Und zwar aus Überzeugung.«

Ein paar nützliche Hinweise, wie Sie die Gefühlsabhängigkeit anderer in Ihren Vorteil ummünzen können

Wenn Sie diese Überschrift lesen, kann es durchaus sein, daß Sie einen Augenblick lang das denken, was mein Großvater immer sagte: »Mit den Gefühlen anderer, mein Junge, mit den Gefühlen anderer spielt man nicht.« Vielleicht hatte mein Großvater wirklich recht. Er glaubte jedenfalls daran, was er da sagte. Aber er besaß ein Gasthaus auf dem Lande, und natürlich machte es ihm überhaupt nichts aus, den Bauernburschen dort einen Krug Bier nach dem anderen zu verkaufen, wenn sie mit der Menge ihres Alkoholkonsums beweisen wollten, was für Männer sie seien...

Ich weiß nicht, ob Sie schon einmal mit den Begräbnisformalitäten für einen lieben Verstorbenen beschäftigt waren. Dabei ist es jedenfalls erstaunlich, mit wieviel Anteilnahme und mit welcher Pietät einem dabei das Geld aus der Tasche geholt wird. Bis hin zum offenen Grab, wo einer steht, in der einen Hand den Kübel mit Erde, in der anderen die Schaufel, was ihn jedoch nicht daran hindern kann, mit dieser Hand noch jene unmißverständliche Geste zu machen, die einen unwillkürlich nach dem Portemonnaie greifen läßt. Niemals würde er sich dabei jedoch einfallen lassen, sein Gesicht zu einem zufriedenen Grinsen zu verziehen. Es würde ja zutiefst die Gefühle der Trauernden verletzen.

Einer amerikanischen Statistik zufolge wurden in diesem Lande im Jahre 1971 an die 2,2 Millionen Ehen geschlossen. Die für diesen stolzen Anlaß etablierte Industrie setzte dabei rund 7 Milliarden Dollar um. 107 Millionen gaben die glücklichen Eheleute für Ringe, 200 Millionen für Hochzeitsgeschenke und 250 Millionen für Blumen aus. Ein Nachrichtenmagazin machte in diesem Zusammenhang die Feststellung: »Bei den meisten Hochzeiten – wie auch bei den meisten Begräbnissen – sind die Beteiligten in ihrem eigenen Geschmack so unsicher, daß sie sich Ratgeber engagieren, die sie dazu anhalten, viel mehr Geld für solche Anlässe auszugeben, als sie sich leisten können.« Man darf aus diesen Beispielen folgern, daß »Pietät« auch zu jenen Verhaltensnormen gehört, mit denen eine Menge zu verdienen ist. Vorausgesetzt, die Leute, die das Geld ausgeben, machen sich keine kritischen Gedanken darüber. Ein paar Gedanken dürfen wir uns indes darüber machen, welche Methoden es gibt, sich die Gefühlsabhängigkeit unserer Gegner im manipulativen Spiel zunutze zu machen. Hier gibt es vor allem den interessanten Hinweis eines erfahrenen chinesischen Feldherrn namens Sun Tse, der im 4. Jahrhundert vor Christus »Die dreizehn Gebote der Kriegskunst«, die wohl älteste militä-

rische Abhandlung der Welt, verfaßte. Er schrieb im ersten Gebot als Punkt sieben folgendes nieder:
»Der Krieg ist ein Weg der Täuschung. Zeige dem Gegner dich so, als ob du etwas nicht tun könntest, obwohl du es kannst. Tue so, als ob du etwas nicht ausnutzen könntest, obwohl du es ausnutzen kannst. Locke ihn durch einen Vorteil an, bringe ihn in Verwirrung und packe ihn dann. Ist er stark, weiche ihm aus. Hast du ihn wütend gemacht, dann bringe ihn in Verwirrung. Spiele den Nachgiebigen, dann wird er eingebildet. Verfügt er über frische Kräfte, dann ermüde ihn.« Und so fort.
Wenn der erfolgreiche Feldherr Sun Tse mit solchen Erkenntnissen so manche Schlacht gewann, warum sollten sie uns in dem Bemühen, uns anderen gegenüber durchzusetzen, nicht auch helfen können? Etwa, wenn er vom »Weg der Täuschung« spricht.
Folgende zwei Möglichkeiten sind hier außerordentlich erfolgversprechend und können auch von Ihnen angewendet werden:

1. Möglichkeit:
Die gespielte Bescheidenheit

Wenn Sie einem Gegner gegenüberstehen, der als Ausgangsbasis gleich stark oder überlegen ist, so wählen Sie seine Eitelkeit als Ihr Angriffsziel. Sie zeigen ihm nicht etwa, was Sie alles zu bieten haben. Das würde ihn nur veranlassen, selbst zu zeigen, wie stark er Ihnen gegenüber ist. Sie erwähnen vielmehr Ihre eigenen Vorzüge überhaupt nicht, sondern verleugnen sie mit Nachdruck.
Sie sagen etwa: »Ich weiß ja, im Vergleich zu Ihnen bin ich ein Laie«, oder: »Wenn ich Ihre Position und Ihre Fähigkeiten besäße, hätte ich es ja leichter.« Dann wird er sich Ihnen unendlich überlegen fühlen. Folgendes wird eintreten:
1. Er wird Sie unterschätzen und sich selbst überschätzen.
2. Er wird Ihnen zu erklären versuchen, aus reiner Höflichkeit und Dankbarkeit nur für Ihre Schmeichelei, daß er eigentlich gar nicht so gut ist. Und er wird Ihnen freizügig einige seiner Schwächen verraten.
3. Er wird, wieder aus reiner Höflichkeit, damit anfangen, Ihnen zu erklären, daß Sie viel fähiger sind, als Sie meinen. Auf Ihren Hinweis: »Aber was kann ich denn schon?« wird er Ihnen einige Ihrer Fähigkeiten aufzählen, von denen er glaubt, daß Sie sie besitzen.

Diese drei Punkte schaffen für Sie bereits eine außergewöhnliche günstige Startposition für weitere manipulative Manöver. Und das alles nur, weil Sie Ihre eigene Eitelkeit verleugnet und seine befriedigt haben.

2. Möglichkeit:
Die Flucht nach vorn

Dies ist eine weitere Methode, einem gleich starken oder übelegenen Gegner einen Vorteil abzuringen. Sie setzt bei Ihnen allerdings die Fähigkeit voraus, starkes Selbstbewußtsein vorzutäuschen, auch – oder gerade – wenn Sie es nicht besitzen.

Hier nützen Sie die weitverbreitete Autoritätsgläubigkeit eines Gegners aus, wobei es völlig unerheblich ist, ob Sie die Autorität, wenn auch nur im geringsten Maße, besitzen.

Wichtig ist lediglich, daß Sie imstande sind, sie vorzutäuschen.

Tatsächlich ist es ja so, daß Menschen nicht nach ihren wirklichen Fähigkeiten beurteilt werden, sondern danach, wie gut sie imstande sind, sich als Autorität auszugeben.

Für Ihr Vorgehen nach der Methode der »Flucht nach vorn« bieten sich auf Grund der Gegebenheiten folgende zwei Möglichkeiten:

1. Sie täuschen eine höhere Autorität vor als jene, die der Gegner sich selbst zuordnet. Wenn ein Zivilist auf dem Kasernenhof, um ein militärisches Beispiel heranzuziehen, einen Gefreiten anbrüllt, wird der Gefreite instinktiv annehmen, dieser Mann sei rangmäßig mehr als er. Er würde seine Verunsicherung allerdings sofort wieder verlieren, wenn sein Gegner nicht tatsächlich ranghöher ist. Deshalb besteht für den Brüllenden die Kunst darin, sich nie wirklich zu deklarieren und den Gefreiten durch sein Auftreten weiterhin in seiner Unsicherheit zu belassen.
2. Sie reden mit Ihrem Gegner über ein Thema, von dem er absolut nichts versteht, und lassen sich nie auf ein Thema ein, von dem der Gegner etwas versteht. Diese Technik behalten Sie so lange bei, bis Sie sicher sind, daß Sie bei ihm ein größtmögliches Maß an Bewunderung erreicht haben und er es als eine Ehre empfindet, einem so genialen Menschen wie Ihnen einen Dienst erweisen zu dürfen.

Damit Sie nicht annehmen, diese Hinweise seien nur das Ergebnis theoretischer Überlegungen, möchte ich Ihnen hier eine meiner Erfahrungen schildern:

Im Jahre 1958 war jener Henry A. Kissinger, der später als Sonderberater des amerikanischen Präsidenten Richard Nixon und als sein Außenminister weltbekannt wurde, noch Professor für politische Wissenschaften an der berühmten Harvard-Universität. Jahre hindurch verstand er es damals, Geld dafür aufzutreiben, um zwei Dutzend interessante Leute jeden Sommer an seine Universität zu Seminaren einzuladen, um mit ihnen Erfahrungen auszutauschen.

Ich war zu jener Zeit als Lokalredakteur bei einer Tageszeitung. Meine Englischkenntnisse waren gut, weil ich früher einmal zwei Jahre Dolmetscher gewesen war. Durch einen Zufall fiel mir ein Buch mit dem Titel »Nuclear Weapons and Foreign Policy« – »Atomwaffen und Außenpolitik« – in die Hände. Ich las darin insgesamt vielleicht 30 Seiten, für mehr reichte meine Geduld allerdings nicht.

Dennoch erregten einige Behauptungen, die der Autor auf diesen 30 Seiten aufgestellt hatte, meinen Widerspruch. Ich setzte mich also hin und verfaßte eine Abhandlung, in der ich versuchte, die Thesen des Autors zu widerlegen. Diese Abhandlung schickte ich dem Autor. Sein Name war Henry A. Kissinger.

Ich muß gestehen, daß ich auf dem Gebiet der Anwendung atomarer Waffen für die Außenpolitik nicht mehr Kenntnisse besaß als jeder andere interessierte Zeitungsleser auch. Trotzdem erschienen Kissinger meine Ausführungen so bemerkenswert und sachkundig, daß er mir einen Brief schrieb, in dem er zugab, daß meine kritischen Hinweise überlegenswert seien. Dem Schreiben legte er eine Einladung für das Harvard-Seminar 1959 bei.

Mir wurde also die Ehre zuteil, fast drei Monate lang in so erlauchter Gesellschaft wie der inzwischen verstorbenen Eleanor Roosevelt, Arthur Schlesinger jun., Henry Kissinger, dem Kennedy-Berater Professor Latham und anderer zu verbringen. Ohne selbst dafür einen Pfennig zu bezahlen, versteht sich.

Und wie war ich zu dieser Ehre gekommen? Ganz einfach deshalb, weil es mir gelungen war – zugegebenermaßen ohne es zu beabsichtigen –, einem auf seinem Gebiet so beschlagenen Mann wie Henry Kissinger als völliger Laie so zu imponieren, daß er mich für einen Fachmann hielt.

Sechstes Manipulationsgesetz

Jede Entscheidung, die wir fällen, und jede unserer Handlungen ist in irgendeiner Form von der Angst mitbestimmt. Angst ist ein entscheidender Faktor jedes Erziehungsvorganges, gleichgültig, auf welcher Ebene des menschlichen Zusammenlebens er sich vollzieht.
Folgende drei Angstvorstellungen beeinflussen unser Verhalten in hohem Maße und sind deshalb Ansatzpunkte für jedes manipulative Spiel:

1. Die Angst, Erworbenes wieder zu verlieren.
2. Die Angst vor dem Ungewissen.
3. Die Angst vor der Realität.

Da über die Angst die menschlichen Entscheidungen beeinflußt werden können, bemühen sich jene, die das wissen, bei ihrem Gegner im manipulativen Spiel Angst zu erregen, sie zu erhalten und gegebenenfalls zu vertiefen, um sie für ihre Vorteile nützen zu können.
Eine wirksame Methode, sich der Manipulation durch Angst weitgehend zu entziehen, ist die Rationalisierung der Angst.

Viele Leute sind nur Helden, weil sie Angst vor der Schande haben

Lassen Sie mich am Beginn der Erläuterungen über das sechste Manipulationsgesetz einige Erkenntnisse zitieren:

- »Zu allen Zeiten war alles dem Wechsel unterworfen. Gewohnheiten, Sitten, Sprache und Lebensauffassung, ja sogar die Moral – alles änderte sich. Nur die Angst blieb sich gleich.«
- »Der Mensch spricht von Impotenz und Frigidität, wenn sein Geschlechtstrieb durch Angst unterdrückt ist, von Magenverstimmung, wenn die Angst ihm den Appetit nimmt, und von Schlaflosigkeit, wenn die Sorge ihn nachts wach hält.«
- »Es ist, wenn die Ehre Heldentum verlangt, ohne daß die Sexualität im Spiel ist, vom psychologischen Standpunkt aus angebracht zu fragen, ob der wahre Beweggrund nicht die Angst vor der Schande ist.«
- »Wenn die Angst mit biologischen oder sozialen Mitteln unter Kontrolle zu bringen wäre, so hätte dies fundamentale Veränderungen in der Organisation unserer Zivilisation zur Folge, und unsere Aussichten auf individuelles Glück würden sich ganz erheblich vergrößern... Die Angst ist das alles durchdringende psychologische Phänomen unserer Zeit.«

Der amerikanische Psychologe Eugene E. Levitt schreibt in seinem Buch »Die Psychologie der Angst« – das er »Meiner Mutter, die mir nie unnötig Angst eingejagt hat« widmete – folgendes:

- »Die Nützlichkeit der Angst als Mechanismus zum Zweck des Überlebens nimmt mit wachsender Intelligenz der Menschengeschlechter ab. Auf dem Höhepunkt der Stammesgeschichte der Lebewesen – beim Menschen mit seiner maximal entwickelten Gehirnleistung – hat die Angst ihren Wert als Mittel zum Überleben größtenteils verloren und ist statt dessen zum ernstesten Problem seiner Existenz geworden.«
- »Der Mensch braucht die Angst nicht mehr unbedingt zu seinem Schutz, aber ihre Macht und ihre Fähigkeit, unser Verhalten zu motivieren, ist darum bei uns nicht geringer als bei vernunftlosen Organismen. Dies hat die Gesellschaft längst erkannt, und sie bedient sich der Angst zur Erziehung ihrer Mitglieder, besonders der jungen.«
- »Das Schlimmste ist nur, daß wir noch nicht wissen, wie wir uns der Angst bedienen können, ohne damit Verzerrungen und Bösartigkeit hervorzurufen. Die Angst ist so etwas wie ein hinterlistiger Golem, der uns eine Zeitlang gute Dienste zu leisten scheint, der sich jedoch schließlich gegen seinen Schöpfer wendet und ihn zu zerstören droht.«

Über dieses Phänomen, dessen Nützlichkeit »mit wachsender Intelligenz abnimmt« und uns »zu zerstören droht«, mit diesem »hinterlistigen Golem« werden wir uns auf den folgenden Seiten näher befassen. Weniger philosophisch allerdings, als es die Fachleute taten, von denen die vorangegangenen Zitate stammen. Uns soll vielmehr die praktische Seite der Angst interessieren. Vor allem ihre Anwendung als Instrument im Spiel der täglichen Manipulation.

Drei häufige Formen der Angst, die uns für Manipulation besonders empfänglich machen

Ich habe vor ein paar Jahren einmal versucht, eine Liste von Ängsten aufzustellen, die ich aus eigener Erfahrung kannte und die ich im Laufe der Zeit bei anderen Leuten beobachtet habe. Als ich damit begann, dachte ich arglos, eine Seite Manuskriptpapier würde dafür reichen. Inzwischen sind elf Seiten mit 345 Punkten daraus geworden. Ich bin mir inzwischen darüber klar, daß ich diese Liste wahrscheinlich in den kommenden 20 Jahren nicht werde vollenden können. Immer neue Beobachtungen kommen dazu. Manche sind von recht skurriler Art, dennoch schreibe ich sie auf.

Ich erinnere mich nicht mehr, warum ich mich auf dieses Unterfangen einließ. Heute weiß ich, welchen tiefen Einblick es mir in mein eigenes Verhalten und natürlich auch in das anderer Menschen vermittelt hat. Vor allem entdeckte ich immer wieder im Zusammenhang mit ganz simplen alltäglichen Entscheidungen, wie sehr und auf welch seltsame Weise die Angst mit im Spiel ist.

Ich habe nicht die Absicht, Ihnen meine vollständige Liste hier zu präsentieren. Vieles darin wäre für Sie völlig unverständlich, weil nur ich selbst die Zusammenhänge kenne. Trotzdem zähle ich hier einige der Punkte aus meiner Ängsteliste auf, als kleine Anregung für Sie, sich selbst ein bißchen besser kennenzulernen.

- Die Angst vor Mundgeruch. Sie veranlaßt mich, mir jeden Morgen sorgfältig die Zähne zu putzen, obwohl es viel vernünftiger wäre, mir die Zähne am Abend zu putzen, damit die Speisereste über Nacht nicht in Fäulnis übergehen können.
- Die Angst, jemandem Unrecht zu tun, obwohl mir längst klargeworden ist, daß der Begriff der »Gerechtigkeit« eines der nebulosen Klischees ist, für die es keine allgemeingültigen Maßstäbe gibt.
- Die Angst davor, ich könnte mich anderen gegenüber lächerlich machen. Eine absolut lächerliche Angst, weil ich selbst kaum verhindern kann, daß irgend jemand lächerlich findet, was ich selbst für durchaus ernsthaft halte.
- Die Angst, ein Auto könnte mein Kind überfahren, wenn es draußen vor unserem Haus spielt. Die einzige Möglichkeit, diese Vorstellung loszuwerden, wäre natürlich, das Kind im Hause einzusperren. Diese Maßnahme wäre aber ebenso unvernünftig, wie es die ständige Angst ist, ein Auto könnte es überfahren.

Ich muß hinzufügen, daß die jahrelange Beschäftigung mit meiner Liste

dazu führte, manche meiner Ängste nahezu vollständig zu neutralisieren. Oft war es so, daß ich die Lächerlichkeit einiger Ängste sofort erkannte, nachdem ich sie aufgeschrieben und mir darüber ein paar Gedanken gemacht hatte. Was mich dabei erstaunte, war eigentlich nur, daß ich jahrelang darunter litt, ohne überhaupt nur den Versuch zu unternehmen, mich damit auseinanderzusetzen.
Wenden wir uns jetzt drei weitverbreiteten Ängsten zu, die uns für die Manipulationen unserer Gegner besonders empfänglich machen.

1. Die Angst, Erworbenes wieder zu verlieren

Wissen Sie, wie Rauschgifthändler es anstellen, um ihre Kunden süchtig und abhängig zu machen? Sie machen es genauso wie viele Ehefrauen mit ihren Männern, Offiziere mit ihren Soldaten, Parteiführer mit ihren Funktionären und diese wieder mit den gewöhnlichen Parteimitgliedern. Sie machen es wie Ärzte mit ihren Patienten, wie Gewerkschaften mit ihren Mitgliedern, Kirchen mit ihren Gläubigen, die Industrie mit den Käufern und die Arbeitgeber mit den Arbeitnehmern.
Das soll natürlich nicht heißen, daß alle, die diese Methode anwenden, auch erfolgreich sind. Aber sie versuchen es alle, ob bewußt oder unbewußt, versteckt oder offen. Das Ziel dieser Methode ist es, eine Abhängigkeit zu schaffen und den Gegner in die Hand zu bekommen. Ihn gefügig zu machen, indem man ihm etwas gibt, von dem er sich nicht mehr trennen will.
Das ist die erste Stufe dieser Methode: Jemandem etwas geben, von dem er sich nicht mehr trennen will. Die zweite Stufe ist: Jemanden an das, was man ihm gegeben hat, so sehr gewöhnen, bis er bereit ist, die größten Opfer zu bringen, nur um es nicht mehr hergeben zu müssen. Oder um es weiter behalten zu dürfen.
Wenn er diesen Grad der Abhängigkeit von einer Sache, was immer das auch sein mag, erreicht hat, folgt in der entscheidenden dritten Phase die Botschaft, die in zwei Sätzen ausgedrückt werden kann: »Wenn du nicht tust, was ich von dir verlange, muß ich dir leider das, was ich dir gegeben habe und was du so liebst, wieder wegnehmen.«
Der wichtigste Punkt dieser Methode, jemanden abhängig und damit reif für ein manipulatives Manöver zu machen, besteht also darin, ihm angst zu machen, daß er verlieren könnte, was er erworben und woran er sich gewöhnt hat. Dieses Prinzip ist, verfeinert und raffiniert mit vielerlei Beschönigungen und Freundlichkeit verbrämt, in nahezu allen Lebensbereichen wirksam. Und jeder von uns bedient sich dieser Methode, um daraus Nutzen zu ziehen. Jeder bedient sich dieser Methode selbstverständlich mit den Möglichkeiten, die ihm gerade zur Verfügung stehen.

- Die alternden Millionäre, von denen wir so viel in den Zeitschriften lesen, bedienen sich des Geldes und ihres Reichtums mit allen seinen Verlockungen, um noch einmal mit einem jungen vollbusigen Starlett sich selbst und ihrer Umwelt ein bißchen von dem vorzuflunkern, was sie für Männlichkeit halten. Das Starlett, das sich an das Gebotene gewöhnt hat, wird es bald nicht mehr missen wollen. Aus Angst davor, es zu verlieren, wird es zu Opfern bereit sein, die es bald selbst nicht mehr kontrollieren kann.
- Viel weniger sensationell und nicht für die neugierige Umwelt ausgeschlachtet spielt sich genau dasselbe in ungezählten Ämtern und an nüchternen Arbeitsplätzen ab. »Mein Job ist vielleicht nicht sehr aufregend, aber er bietet mir Sicherheit. Nach soundsovielen Jahren bekomme ich das und das Gehalt und soundsoviele Wochen Urlaub. Die Firma zahlt mir Urlaubsgeld und den Beitrag zur Krankenkasse, und später habe ich eine gesicherte Rente. Warum soll ich das aufgeben?«

Kennen Sie diese Argumente? Natürlich kennen Sie sie. Aus Angst davor, Erworbenes zu verlieren, verrichten Millionen Menschen Arbeiten ohne Freude. Sie haben sich mit einem Leben abgefunden, das sie schon längst nicht mehr selbst bestimmen.

»Und wer ist schuld daran?« werden Sie jetzt fragen. Aber ist es eine Frage von Schuld, wenn jeder, was und wo auch immer er ist, seinen eigenen Vorteil zu wahren versucht, indem er die Angst anderer für sich nützt? Tatsächlich funktioniert dieses System ja nur im Zusammenwirken von Geben und Nehmen. Der Arzt bemüht sich, Ihr Leiden zu heilen. Wenn es ihm gelingt, es wenigstens zu lindern, werden Sie wiederkommen. Er gibt Ihnen die Hoffnung auf endgültige Heilung. Dabei verdient der Arzt daran das, was er braucht, um sich den Wohlstand leisten zu können, den er nicht mehr missen und nicht mehr aufgeben will.

Im Grunde genommen gewinnt jeder dabei, der eine mehr, der andere weniger. Je nach dem Geschick, mit dem er es versteht, beim anderen die Angst, Erworbenes wieder zu verlieren, zum eigenen Vorteil auszunützen.

2. *Die Angst vor dem Ungewissen*

Ich möchte Sie hier mit einer Beobachtung vertraut machen, die der englische Arzt Dr. A. T. W. Simeons, ein anerkannter Spezialist für psychosomatische Erkrankungen und Tropenkrankheiten, in seinem Buch »Die Entwicklung des menschlichen Gehirns« folgendermaßen beschreibt:

»Wenn man den Ausbruch einer Cholera-Epidemie miterlebt, so muß einem die sonderbare Tatsache auffallen, daß gesunde junge Menschen viel öfter von der Krankheit befallen werden als kleine Kinder oder alte gebrechliche Leute.«

»Die Cholera wird dadurch verursacht, daß man einen Mikroorganismus schluckt, der als Vibrio bezeichnet wird. Dieser Vibrio ist gegen Säuren hochempfindlich. Die in einem normalen menschlichen Magen stets vorkommende Säure ist stark genug, um den Erreger der Cholera fast augenblicklich abzutöten.«
»Wie gelingt es nun dem Vibrio, diese Säureschranke zu überwinden, die ihn von dem Dünndarm fernhält, in dessen alkalischem Inhalt er leben und seine tödliche Arbeit beginnen kann?«
Dr. Simeons sagt, daß ihm dies praktisch überhaupt nicht gelingen könne, außer, wenn der normale Säurezufluß in den Magen zum Stillstand kommt. Nur dann vermag der Vibrio seinen Bestimmungsort, den Dünndarm, zu erreichen. Das einzige aber, was den Säurestrom in den Magen zu hemmen vermag, ist die Angst.
Der Arzt zieht daraus den Schluß: »So kann es geschehen, daß gerade jene Menschen, die den Tod am meisten fürchten, von der Cholera dahingerafft werden, während Kinder, die zu jung sind, um sich der Gefahr bewußt zu sein, oder Menschen, denen nichts mehr am Leben liegt und die sich fatalistisch der Pflege der Kranken und Sterbenden widmen, deshalb verschont bleiben, weil die Sekretion des Magensaftes bei ihnen nicht emotionell unterbrochen ist.«
Die Angst kann also bei der Auswahl der Opfer eine wichtige Rolle spielen. Dr. Simeons hält deshalb die Behauptung für zulässig, daß der – wie er es nennt – psychosomatische Mechanismus selbst bei Cholera von Bedeutung ist. Mit anderen Worten: Das Gefühl Angst hemmt die Abwehrreaktion des Körpers.
Wir können hier feststellen, daß die Angst sich zu dem Zeitpunkt, bei dem sie bereits wirksam wird und körperliche Veränderungen verursacht, auf etwas völlig Ungewisses bezieht. Sie entspringt vorläufig nur unserer Phantasie. Wir stellen uns mögliche Folgen eines möglicherweise eintretenden Ereignisses vor. Wir ziehen Beispiele heran, malen uns negative Erscheinungen aus, die eintreten könnten. Je mehr wir unserem Vorstellungsvermögen freien Lauf lassen, um so größer wird die Angst. Und um so nachhaltiger werden deren Auswirkungen auf unser Verhalten. Wohlgemerkt: Diese Art von Angst kann aus dem Nichts entstehen, ohne direkten Bezug auf uns.
Jemand sagt uns: »Der X ist mit 43 Jahren gestorben. Er hat nichts als Schulden hinterlassen. Jetzt steht seine arme Frau mit drei Kindern allein da. Was soll aus den armen Würmern werden?« Mit 43, denken wir, das könnte mir auch passieren. Und was hab' ich für meine Kinder getan? Wenn uns zu diesem Zeitpunkt jemand den guten Rat gibt, doch eine Lebensversicherung abzuschließen, würden wir diesen Hinweis ernsthaft in Erwägung ziehen. Zufällig könnte ja auch derjenige, der uns diese Geschichte erzählt und den Vorschlag macht, ein Versicherungsvertreter

sein. Riesige Versicherungspaläste entstanden aus der Angst der Menschen vor der ungewissen Zukunft. »Ich hoffe es ja nicht«, sagen wir und klopfen auf Holz, »daß mir etwas passiert. Aber man kann ja nie wissen.« Und obwohl wir tatsächlich nichts über unsere Zukunft wissen, beruhigen wir unser Gewissen dadurch, daß wir uns und unsere Familie wenigstens finanziell absichern.

Frauen cremen rechtzeitig ihre Haut, damit sie keine Falten bekommt. Denn Falten machen alt, heißt es. Und aus einem seltsamen Grund wollen Frauen nicht alt erscheinen. Nicht einmal so alt, wie sie tatsächlich sind. Aber sie reagieren auf die völlig ungewisse Vorstellung, daß jemand sie alt finden und daß dies von Nachteil sein könnte. Wohlgemerkt: Sie wissen gar nicht, ob dieser Nachteil wirklich eintreten könnte. Es ist völlig ungewiß.

Aus dieser Angst vor dem Ungewissen tun wir vielfach Dinge, die bei genauer Betrachtung sinnlos erscheinen. Dabei ist es so, daß sich aus einer solchen inneren Einstellung heraus Folgen ergeben, die dann auf lange Sicht nicht selten tatsächlich genau das eintreten lassen, was anfangs völlig unbegründet nur befürchtet wurde.

Ich weiß von dem Fall einer Frau, die einen um acht Jahre jüngeren Mann geheiratet hat. Anfangs war es eine außergewöhnlich glückliche Ehe. Plötzlich befürchtete die Frau, daß er sie wegen einer jüngeren verlassen könnte.

Es gab überhaupt keinen Anhaltspunkt dafür. Aber der Gedanke ließ die Frau einfach nicht mehr los. Sie wurde mißtrauisch und begann jeden seiner Schritte zu überwachen. Wenn er mit Freunden fort war, tauchte sie unvermutet auf. Natürlich blieb das alles den Freunden nicht verborgen, und sie fingen an, den Mann deshalb zu hänseln. Zu Hause gab es Streit. So nahmen die Dinge ihren Lauf – bis zur Scheidung.

Und wie kam alles? Halten wir uns die einzelnen Phasen noch einmal vor Augen:

1. Plötzlich war die Angst da. Aus dem Nichts, völlig grundlos. Alles war ungewiß. Aber die Angst war da.
2. Die Frau begann, sich immer mehr mit dieser Angst zu identifizieren. Aus der Ungewißheit wurden scheinbar ganz konkrete, auf sie bezogene Vorstellungen.
3. Je mehr sie sich diesen Vorstellungen hingab, um so intensiver begann sie nach Anhaltspunkten zu suchen, die ihre Vorstellung bestätigten. Natürlich finden sich solche Anhaltspunkte, wenn man sie finden und in dem gewünschten Sinn deuten will.
4. Die Angst, die sich im Gefühlsbereich breitgemacht und immer mehr verstärkt hatte, ließ von einem gewissen Grad der Intensität an keine vernunftmäßigen Überlegungen mehr zu. Selbst Gegenbeweise wurden jetzt bereits als Beweise gewertet.

5. Schließlich bewirkte die Angst eine Realität, vor der sich die Frau gefürchtet hatte.

Diese Entwicklung vollzieht sich unter der Voraussetzung, daß die Angst sich nach der beschriebenen Weise unkontrolliert ausbreiten kann. Während in unserem Fall ungeklärt ist, wie sie entstand, muß der erste Angst-Impuls natürlich nicht zufällig kommen. Er kann gelenkt werden. Und er kann systematisch durch Wiederholung denselben Verlauf nehmen. Bis zu dem Punkt, an dem einem Betroffenen für seine Angst eine Lösung geboten wird, die ihm Hoffnung und Befreiung von seiner Belastung verspricht.

3. Die Angst vor der Realität

Unser Leben ist eine ständige Diskrepanz zwischen unseren Wunschvorstellungen und der Realität, die der Erfüllung unserer Vorstellungen im Wege steht. Unser Wohlbefinden hängt in hohem Maße davon ab, mit welcher Einstellung wir dieser permanenten Diskrepanz gegenüberstehen.

- Wir können uns der Realität stellen und versuchen, das Beste aus ihr zu machen.
- Oder wir können der Realität aus dem Wege gehen, weil wir befürchten, daß es uns nicht gelingen könnte, mit ihr fertigzuwerden.

Jeder erfolgreiche Versuch, der Realität ein Stück unserer Wunschvorstellungen abzuringen, wird unser Selbstbewußtsein stärken. Jede Flucht vor diesem Versuch wird unsere Angst erhöhen, wir könnten auch beim nächsten Versuch unterliegen.

Woran liegt es denn, ob wir uns die eine oder die andere Einstellung zu eigen machen? Es liegt vorwiegend daran, wie wir zur Realität stehen. Falls Sie die Geschichte von den zwei Zechern, die mit einer halbleeren Weinflasche nachts auf einer Parkbank saßen, nicht kennen, erzähle ich sie hier:

Sie saßen also auf der Bank, da sagte der eine mit einem wehmütigen Blick auf die Flasche: »Es ist zum Verzweifeln. Jetzt sitzen wir noch gar nicht lange hier, und schon ist die Flasche wieder halb leer.«

Der zweite saß da, betrachtete selbstgefällig den Sternenhimmel und antwortete verwundert: »Ich versteh' gar nicht, was du hast. Wir trinken doch schon eine ganze Weile, und trotzdem ist die Flasche noch halb voll. Ich finde das wunderbar.«

Und während sie weiter abwechselnd einen Schluck nahmen, jammerte der eine in einem fort, und seine Angst vor dem Augenblick, wo die Flasche völlig leer sein würde, vergällte ihm die ganze Freude am Trinken. Zweifellos war das Wohlbefinden des Mannes am Ende dieses Erlebnisses

auf einem Tiefpunkt angelangt. Es lag wohl daran, daß er nicht imstande war, sich mit einer Realität abzufinden, die nicht zu ändern war.
Die Mehrzahl unserer Konfrontationen mit den Realitäten des Lebens ist mit der natürlichen Angst verbunden, wir könnten sie nicht bewältigen. Sie macht uns für die Versuchung empfänglich, der Konfrontation aus dem Wege zu gehen und damit auch die Angst zu beseitigen.
Wenn der eine Weg, sich von der Angst zu befreien, darin besteht, der gefürchteten Realität aus dem Weg zu gehen, so besteht der andere darin, die Realität zu bewältigen. Betrachten wir diese Alternativen näher:

- *Die Flucht.* Wir befreien uns kurzfristig von der uns Unbehagen verursachenden Angst, aber wir bewältigen sie nicht. Wir verdrängen die Angst und damit die Wunschvorstellung. Wir verdrängen sie und schieben sie in eine Ecke unseres Unterbewußtseins. Dort bleibt sie weiter bestehen, zugedeckt mit dem Mantel der Ablenkung, die wir als Mittel des kurzfristigen Vergessens gewählt haben.

  Die Wunschvorstellung bleibt also bestehen, irgendeinmal wird sie wieder auftauchen und nach Befriedigung verlangen. Die Angst wird damit erneut da sein, vermutlich stärker als beim ersten Mal. Das ist verständlich. Denn wer einmal einem Problem ausgewichen ist, statt es zu bewältigen, dessen Selbstbewußtsein wird – wie wir wissen – beim zweiten Versuch geschwächt sein.
- *Die Bewältigung.* Sie bringt vom Augenblick der Entscheidung »Ich will das Problem bewältigen, ich nehme die Konfrontation mit der Realität auf« bis zu ihrer tatsächlichen Bewältigung eine Periode der steigenden Angst mit sich.

  Während der ganzen Zeit werden wir uns immer wieder fragen: »Schaffe ich es?« Wir werden aber gleichzeitig fürchten, daß wir es nicht schaffen könnten. Natürlich werden wir dieser Angst immer wieder mit allerlei Tricks begegnen. Indem wir uns etwas einreden: »Ach was, was soll's. Natürlich schaffe ich es.«

  Dieser Spannungszustand zwischen Vorsatz und Bewältigung ist es, den wir fürchten. Die Angst davor ist auch der Grund, warum so viele Menschen den viel bequemeren Weg der Flucht wählen, ehe sie sich der Angst aussetzen, sie könnten die Realität nicht bewältigen.

Wir können immer wieder feststellen, daß Menschen viel mehr Einfallsreichtum aufwenden, um vor der Angst des Versagens zu fliehen, als dafür, sie zu bewältigen. In diesen Bemühungen werden sie von anderen eifrig unterstützt, die ihnen ununterbrochen Möglichkeiten der Flucht anbieten, um selbst einen Vorteil daraus zu ziehen.
Um diese manipulativen Vorgänge eindringlich zu verdeutlichen, sind hier einige Beispiele aus dem praktischen Leben angeführt. Es wäre durchaus nicht verwunderlich, wenn Ihnen manche sehr bekannt vorkämen.

Zuerst: Beispiele, wie wir selbst uns manipulieren, nur um der Angst vor der Realitätsbewältigung aus dem Wege zu gehen.

- Die Ehefrau, die Probleme mit ihrem Mann nicht mit ihm bespricht, sondern mit ihrer Mutter. Dort findet sie Mitleid und Zustimmung. Das hilft ihr für kurze Zeit über die Angst hinweg, das Problem mit ihrem Mann zu lösen. Obgleich ein offenes Gespräch mit ihrem Mann natürlich viel sinnvoller wäre.
- Der Ehemann, der sich eine Freundin nimmt, um bei ihr zu suchen, was er zu Hause nicht mehr zu finden vermeint. In Wahrheit flieht er vor der heimischen Realität, aus Angst, er könnte sie nicht bewältigen. Tatsächlich ist es dann auch in den meisten Fällen so, daß er sich bei der Freundin bald vor die gleiche Alternative gestellt sieht wie zu Hause: Flucht vor der Realität oder Lösung des Problems.
  Es ist verständlich, daß er jetzt abermals dazu neigen wird, den Weg der Flucht zu wählen. Der einfachste dabei ist die Rückkehr zur eigenen Frau. Er scheint geläutert und reumütig, das liegt aber nur daran, daß er nach zwei Niederlagen bei weitem nicht mehr so selbstbewußt ist wie vorher.
- Die beliebte Methode, der Lösung eines schwierigen Problems auszuweichen, indem man ein weniger schwieriges hochspielt. Diese Methode wird in der hohen Politik genauso gerne praktiziert wie im gewöhnlichen Alltag eines jeden von uns.
  Regierungen, die nicht imstande sind, ihre wichtigen innerpolitischen Probleme zu bewältigen, lenken das Volk davon ab, indem sie außenpolitisch eine Krise provozieren. Die Schuld dafür geben sie der Regierung eines anderen Landes, die sie ihrem eigenen Volk gegenüber als Buhmann hinstellen. Der Volkszorn wird damit vom eigentlichen Problem auf ein anderes abgelenkt.
  Wenn Sie morgen früh die Zeitung aufschlagen, werden Sie bei aufmerksamer Lektüre diese Methode bestätigt finden. Wenn Sie also selbst unentwegt anderen Leuten die Schuld für Ihr eigenes Versagen geben, kann dies ein Hinweis dafür sein, daß Sie – wenigstens in diesem speziellen Bereich – gewisse Eignungen besitzen, die in der hohen Politik gefragt sind.

Und nun: Beispiele, wie andere uns manipulieren, indem sie uns eine Möglichkeit anbieten, die Angst kurzfristig beiseite zu schieben.

- Das bekannte Führungsprinzip des »Teilen und Herrschen« ist eine Variante manipulativen Spieles mit der Angst. Wenn der Vorgesetzte heute den Mitarbeiter A gegenüber dem Mitarbeiter B bevorzugt, wird sich B ängstlich fragen: »Hat er etwas gegen mich?« Oder: »Ist er mit mir nicht mehr zufrieden?« Er wird sich, angespornt durch die Angst, anstrengen, um die Aufmerksamkeit des Vorgesetzten zu erwecken. Diese Leistungssteigerung ist durchaus im Sinne des Vorgesetzten. Er wird das nächste Mal A bevorzugen, um ihm die Angst zu nehmen. Jetzt wird B befürchten, er könnte in Ungnade gefallen sein und sich seinerseits anstrengen. A wird zufrieden sein. Aber damit er nicht allzu sorglos wird, zieht bald darauf der Vorgesetzte wieder B vor. Und so weiter. Der Vorgesetzte schafft also zu seinem Vorteil ein Abhängigkeitsverhältnis, indem er die Angst bei dem einen oder dem anderen seiner Mitarbeiter nährt, um später eine Lösung dafür anzubieten.

- Natürlich erfüllen die unüberschaubaren Impulse der Milliarden-Unterhaltungsindustrie auch die Funktion, angespannten Menschen Entspannung zu geben oder ihre Aggression auf mehr oder weniger harmlose Weise zu neutralisieren. Andererseits sind diese Impulse natürlich eine permanente Verführung zur Flucht vor der Realität.
- Das Phänomen, das wir »Sensationsgier« nennen, ist ein vorzügliches Mittel, am bösen Schicksal anderer unsere eigene Realitätsangst zu reduzieren. Irgendwo, so wird in allen Einzelheiten berichtet, ist ein Mensch in der Klemme oder ist am Leben gescheitert. Wir können uns selbstzufrieden trösten: »Was sind dagegen meine eigenen kleinen Probleme?« Das Scheitern anderer hilft uns, unsere eigene Angst zu mildern.

Die Angst vor der harten Realität des Alltags, die Angst, unserer eigenen Wunschvorstellung nicht gerecht werden zu können, macht viele von uns zu Menschen auf der ständigen Flucht. Hilfreich strecken sich uns ungezählte Arme entgegen, die uns dabei helfen wollen, die Angst zu vergessen. Keine Hilfe aber ist ohne Preis, und sei es nur der, daß wir dem Helfer dabei behilflich sind, selbst seine Angst zu verdrängen.

Die drei entscheidenden Schritte, mit denen Sie jede Angst bewältigen können und damit verhindern, daß andere sie nützen

Es gibt bestimmte Perioden, in denen häufen sich die Nachrichten über Flugzeugabstürze. Wir erfahren davon im Fernsehen und in Zeitungen. Wir sehen die Bilder von Trümmern, manchmal läßt man uns über den Bildschirm auch ausführlich an den traurigen Szenen teilhaben, wie verkohlte Leichen abtransportiert werden. Die Kamera schwenkt über den Unglücksort und hält zerfetzte Gepäckstücke fest, einen Schuh vielleicht oder eine Puppe.

Wenn meine Frau mich in solchen Zeiten zum Flugplatz fährt, sagt sie mit schöner Regelmäßigkeit immer wieder besorgt: »Vielleicht hättest du doch lieber mit der Bahn fahren sollen.« Manchmal sitze ich dann im Flugzeug, warte auf den Start und werde das beunruhigende Gefühl nicht los, daß mir etwas passieren könnte. Ich denke an die Bilder im Fernsehen, manchmal denke ich auch, wie das sein muß, wenn die Maschine brennt, und ich schaffe es nicht mehr, ins Freie zu kommen.

Lassen Sie mich nun die so wichtige Methode, in drei Schritten seine Angst zu bewältigen, ganz klar formulieren:

1. Wir stellen uns die Frage: Wovor habe ich nun eigentlich wirklich Angst. Und warum?
2. Wenn wir die Ursache geklärt haben, fragen wir uns weiter: Was ist das Schlimmste, das passiert, wenn das eintritt, was wir am meisten fürchten.
3. Wir fällen eine eindeutige Entscheidung, ob wir dieses Risiko eingehen wollen oder nicht. Wenn ja, konzentrieren wir uns darauf, alles zu unternehmen, um das Schlimmste abzuwenden.

Wenn ich also mit meinem beunruhigenden Gefühl im Flugzeug sitze und mir diese Frage stelle und beantworte, komme ich stets zu dem Schluß: Die Wahrscheinlichkeit, daß mir etwas passiert, ist vorhanden, aber sie ist minimal. Ebensogut ist es möglich, daß ich einen Autounfall habe oder daß mir auf der Straße ein Ziegelstein auf den Kopf fällt. Oder daß mich eines Tages ein Herzinfarkt dahinrafft. In allen diesen Fällen kann ich mich nur mit allen mir zur Verfügung stehenden Mitteln bemühen, es zu verhindern. Wenn es trotzdem passiert, muß ich es hinnehmen. Diese Methode zur Bewältigung der Angst besteht also in zwei wesentlichen Dingen:

Erstens, daß wir aufhören, uns von einem unklaren und ungewissen Gefühl beherrschen zu lassen. Wir ersetzen es durch ein paar vorgegebene Fragen, die wir nüchtern und klar beantworten.

Zweitens, daß wir eine eindeutige Entscheidung darüber fällen, was wir in der gegebenen Situation tun wollen, weil es uns als die bestmögliche Lösung erscheint. Mit allem anderen, das wir offensichtlich nicht voraussehen oder beeinflussen können, finden wir uns ab. Wir gehen damit das Risiko ein, daß es passiert, aber wir nehmen dieses Risiko in Kauf.
In der Praxis zeigt sich dann fast immer, daß alles in Wahrheit viel einfacher zu bewältigen ist, als wir vorher befürchtet haben. Aber es ist immer besser, Probleme irgendwie zu bewältigen, als uns durch die Angst vor ihnen lange Zeit verunsichern zu lassen.
Zu der beschriebenen Methode ist zu sagen, daß sie an Wirksamkeit gewinnt, wenn wir uns die drei wichtigen Schritte, aus denen sie besteht, auf ein Blatt Papier genauso aufschreiben wie die jeweiligen Antworten darauf.
Wenn Sie also gerade jetzt ein Problem mit sich herumtragen, vor dessen Bewältigung Sie sich schon seit einiger Zeit drücken, sollten Sie ohne Zögern ans Werk gehen.

Einige Überlegungen, wie Sie die Angst Ihrer Gegner im manipulativen Spiel zu Ihrem Vorteil nützen können

Die einfache Methode der drei entscheidenden Schritte wird Sie in vielen Fällen davor bewahren, daß andere Ihre Angst vor der Lösung eines Problems zu ihrem Vorteil nützen. Vorausgesetzt natürlich, daß Sie sich die Anwendung dieser Methode zur täglichen Gewohnheit machen. Sie bewirkt sozusagen eine Auseinandersetzung mit sich selbst, aus der Sie Sicherheit nach außen gewinnen. Was zweifellos Ihrem Verhalten anderen gegenüber zugute kommt. Vielleicht genügt Ihnen dieser Vorteil und Sie denken aus ganz persönlichen Gründen gar nicht daran, die Angst anderer für Ihren eigenen Vorteil auszunützen. Das ist eine durchaus berechtigte persönliche Entscheidung. Trotzdem sollten wir nicht vergessen, daß wir selbst ohne Unterlaß solchen aggressiven Bemühungen anderer ausgesetzt sind, die sich nicht scheuen, uns angst zu machen. Und dies in nahezu allein Bereichen, wovon wir schon zu Beginn des Kapitels gesprochen haben.
Die Methode der nutzbringenden Anwendung der Angst ist im Prinzip ebenso einfach wie die Bewältigung der Angst. Auch sie besteht aus folgenden drei Schritten:

1. Schritt
Den Gegner einschätzen und erkennen, wo er verwundbar ist.

2. Schritt
Ihm glaubhaft eine Gefahr andeuten oder aufzeigen, die ihm drohen könnte und für die er selbst keine Lösung weiß. Diese Gefahr kann sehr real sein, sie kann auch ungewiß sein.

3. Schritt
Ihm eine Lösung für die echte oder scheinbare Gefahr anbieten, die ihn von der Angst davor befreit, und die für uns den Vorteil enthält, den wir erlangen wollen.

Zugegeben, diese Aufzählung klingt etwas theoretisch. Aber wenn Sie damit zunächst nichts anfangen können, weise ich Sie darauf hin, daß genau diese Methode an Ihnen und an mir seit unserer Kindheit tausendfach erprobt und mit großem Erfolg angewendet wird.
Wenn eine Mutter ihrem Kind droht: »Fernsehen darfst du erst, wenn

die Hausaufgaben gemacht sind«, macht sie ihm angst, daß es seine Lieblingssendung nicht sehen darf, wenn es vorher nicht das getan hat, was die Mutter von ihm verlangt.

Wenn sie sich in ein Amt begeben, um dort wegen etwas vorzusprechen, das sie brauchen, ist dieser Besuch bei vielen Menschen mit der Angst verbunden, sie könnten es aus irgendeinem Grunde nicht oder wenigstens nicht rechtzeitig bekommen. Sie werden geduldig warten und alle gestellten Forderungen erfüllen.

Wenn sie es nicht tun, so fürchten sie, könnte der Beamte ihnen Schwierigkeiten machen, den Akt verschleppen und alles komplizieren.

Der Beamte weiß das auch, deshalb nützt er diese Angst den Vorsprechenden gegenüber. Er kann diesen manipulativen Vorteil allerdings nur passiven Besuchern gegenüber anwenden, die ihm in diesem Punkt unterlegen sind.

Ein überlegener Besucher wird seinerseits dem Beamten gegenüber aktiv manipulative Methoden einsetzen. Unter anderem kann er die Angst des Beamten zu seinem Vorteil nützen. Etwa, indem er einen Vorgesetzten des Beamten ins Spiel bringt, von dem der Beamte befürchten muß, daß er ihm unter Umständen schaden könnte.

Diese »Umweg-Methode« bedarf natürlich einiger Vorbereitung, die im zweiten Manipulationsgesetz bereits beschrieben wurde.

Das manipulative Spiel mit der Angst hat unendlich viele Facetten, die vom Einfallsreichtum dessen abhängen, der es aktiv spielt. Das oben angeführte Prinzip allerdings bleibt gleich.

Siebtes Manipulationsgesetz

Der Entscheidungsvorgang und sein Ergebnis hängen wesentlich von folgenden vier Komponenten ab:

1. Von der allgemeinen Einstellung des Entscheidenden.
2. Von seinem Wissen über den Gegenstand der Entscheidung.
3. Von den Personen, die den Entscheidungsvorgang mittelbar oder unmittelbar beeinflussen.
4. Von der persönlichen Verfassung zum Zeitpunkt der Entscheidung.

Wer es versteht, die Entscheidung eines Gegners im manipulativen Spiel zum richtigen Zeitpunkt in der richtigen Weise in wenigstens einer dieser Komponenten wesentlich zu beeinflussen, kann seine eigenen Vorteile daraus ziehen. Voraussetzung dabei ist die richtige Einschätzung des Gegners und die Kenntnis der Vorgänge, die zu einer Entscheidung führen.

Das Ziel jeder Beeinflussung einer Entscheidung ist es, die kritische Urteilsfähigkeit des Entscheidenden in möglichst hohem Maße einzuschränken und sein Denken auf die Vorteile einer angebotenen Lösung zu fixieren.

Wenn wir nicht selbst entscheiden, tun es andere für uns

»Alles, was wir tun und was wir sind, ob wir glücklich sind oder unglücklich, ob sich an jedem Tag unser Leben erfüllt oder nicht, alles hängt davon ab, ob wir die Fähigkeit besitzen, unsere Entscheidungen richtig zu fällen.« Diese Weisheit stammt von einem Mann namens Georg B. Warner. Ist er Millionär, Wissenschaftler, Staatsmann? Keinesfalls. Er besitzt an der Küste von Long Beach in Kalifornien ein Fischerboot, auf dem er mehrere Male jede Woche Hobby-Angler auf das Meer hinausfährt.

Ich begegnete George eines Morgens um sechs Uhr, als mich ein paar Freunde zum Barrakudafang eingeladen hatten. Da ich kein Fischer bin, hielt ich mich an der Theke des Schiffes auf, wo George den Gästen Tee, Bier und andere Getränke verkaufte. Er war unrasiert und ungekämmt, trug verschlissene Blue jeans und ein verwaschenes rotes Leibchen.

Er fragte mich: »Was willst du trinken?«

Ich sagte: »Was hast du denn?«

George sah mich verwundert an und meinte: »Junge, wenn du nicht selbst weißt, was du trinken willst, verkaufe ich dir auch nichts.« So kam es, daß ich an diesem Tag keinen einzigen Barrakuda fing, aber dafür eine Menge über die Lebensweisheit von George B. Warner erfuhr.

»Weißt du«, sagte er mir, »ich bin so glücklich, daß ich mir jeden Abend sage, wenn du morgen früh nicht mehr aufwachst, hast du dein Leben so gelebt, wie du es leben wolltest. Das ganze Geheimnis dabei ist, daß ich weiß, was ich will und es auch tue. Wenn ich in ein Lokal komme, und die haben nicht das Bier, das ich gern trinke, geh ich gleich wieder 'raus und such' mir ein Gasthaus, wo sie mein Bier führen. Leute, die ich nicht treffen will, treffe ich auch nicht. Ich besitze seit 30 Jahren keinen Anzug und keine Krawatte mehr, weil ich Anzüge und Krawatten einfach nicht leiden kann.«

Das ganze Glück dieses Mannes hing offensichtlich davon ab, daß er die Entscheidungen über das, was er tat und was ihm das Leben lebenswert machte, niemand anderem überließ. Mir fällt bei allem Nachdenken aus meinem Bekanntenkreis niemand ein, von dem ich dasselbe ebenso sagen könnte.

Was ist es denn, das die meisten Leute von diesem amerikanischen Bootsbesitzer unterscheidet? Vor allem wissen sie nicht genau, was sie im Leben wirklich wollen. Sie überlassen es vorwiegend anderen Leuten, ihnen ihre Entscheidungen abzunehmen. Und diese anderen sind natürlich daran interessiert, dabei ihre eigenen Vorteile zu wahren.

Lassen Sie mich den einen wichtigen Satz noch einmal wiederholen: »Alles, was wir tun und was wir sind, ob wir glücklich sind oder unglücklich, ob sich an jedem Tag unser Leben erfüllt oder nicht, alles hängt davon ab, ob wir die Fähigkeit besitzen, Entscheidungen richtig zu fällen.« Wir scheuen keine Mühen, die Buchhaltung zu erlernen oder Fremdsprachen oder vielleicht Klavierspielen oder auch nur, eine Krawatte richtig zu binden. Was kann man nicht alles in den Schulen, Fortbildungskursen oder aus Büchern lernen. Aber wer bringt uns schon die Fähigkeit bei, wie man richtig Entscheidungen fällt? Vor allem die kleinen, scheinbar ganz unwichtigen Entscheidungen des Alltags.
Die meisten Leute fällen ihre Entscheidungen nur für den Augenblick. Sie nehmen sich gar nicht die Mühe, sie in ihren Zusammenhängen zu sehen. Sie machen Zustimmung oder Ablehnung von ihrer augenblicklichen Stimmung abhängig oder von einem einzelnen Detail, das oft von nebensächlicher Bedeutung ist. Schon eine Stunde später sind sie bereit, dieselbe Sache völlig gegensätzlich zu beurteilen, und das nur deshalb, weil plötzlich in ihrer Betrachtung ein ganz anderes Detail, das sie vorher nicht beachteten, an Bedeutung gewonnen hat.
Nicht wenige Menschen haben es sich überhaupt zur Gewohnheit gemacht, Entscheidungen aus dem Wege zu gehen oder sie vor sich herzuschieben, wenn es sich irgendwie machen läßt. Wenn sie dann doch gefällt werden müssen, folgen sie jenen Impulsen, die gerade am stärksten auf sie einwirken. Ich kenne eine Menge Leute in gar nicht so unbedeutenden Positionen, denen man nachsagt: »Er tut immer das, was ihm derjenige eingeredet hat, der zuletzt mit ihm sprach.«
Das mag vorwiegend an der Angst liegen, man könnte etwas Falsches tun. Überhaupt nichts zu tun oder einen schwachen Kompromiß zu schließen, erscheint dann oft als der einfachste Weg der Bewältigung einer Realität. Es liegt aber auch daran, daß solche Menschen die Zusammenhänge nicht kennen, die bei Entscheidungen wirksam werden.
Wer diese Zusammenhänge kennt, hat im Spiel der täglichen Manipulation einen unbezahlbaren Trumpf in der Hand, der es ihm nicht nur ermöglicht, selbst Entscheidungen zu seinem Vorteil zu fällen, sondern auch andere in ihren Entscheidungen zu beeinflussen – zu seinem Vorteil. Auf den folgenden Seiten erfahren Sie mehr über die wichtigsten Komponenten, die bei jeder Entscheidung und natürlich auch bei der Beeinflussung einer Entscheidung eine Rolle spielen.

Die zwei extremen Entscheidungstypen, und wie sie beeinflußt werden können

Entscheidungen selbst fallen in Bruchteilen von Sekunden. Aber wenn einer »Ja« sagt oder »Nein«, ist dies nur das Ergebnis von Vorgängen zwischen dem Entscheidenden und den Impulsen, die ihn zu seiner Entscheidung herausforderten.

In der Zeit nach dem Zweiten Weltkrieg lebte ich mit einem anderen jungen Mann zusammen in Untermiete. Wir waren beide noch nicht zwanzig und verdienten endlich soviel Geld, daß wir uns die ersten extravaganten Anzüge, Sakkos oder Schuhe kaufen konnten, von denen wir so lange geträumt hatten. Gemeinsam suchten wir Kaufhäuser und Geschäfte auf.

Ich hatte die Jahre vor Kriegsende in einer Militärschule verbracht und trug dort nie etwas anderes als abgetragene Uniformen, die ich dazu noch selber bügeln, flicken und sauberhalten mußte. Nach Kriegsende ging ich in den gebrauchten Sachen meines Vaters zur Schule. Deshalb hatte ich geradezu ein Bedürfnis nach heller, bunter und modischer Kleidung. Die kaufte ich mir auch.

Mein Zimmergenosse hatte es bei seiner Auswahl weniger leicht. Im Grunde gefielen ihm dieselben Dinge wie mir. Er probierte sie auch an. Aber dann wurde er immer wieder nachdenklich und meinte: »Wenn ich damit zu meinen Eltern komme, wirft mich mein Vater garantiert hinaus.« Also entschloß er sich in seiner Auswahl meist zu einem Kompromiß. Er kaufte etwas, das ihm gerade noch gefiel, das andererseits aber auch nicht den Unwillen seines Vaters hervorrufen würde, den er alle Monate einmal am Wochenende besuchte.

Im Grunde genommen ist dieser Vorgang typisch für fast alle unsere Entscheidungen:

1. Auf der einen Seite stehen die eigenen, persönlichen und individuellen Wunschvorstellungen.
2. Auf der anderen Seite steht das mehr oder weniger ausgeprägte Bedürfnis, sich der Umwelt anzupassen. Rücksicht zu nehmen. Da ist aber auch die Angst: »Was wird der oder jener sagen, wenn ich dies oder jenes tue?«

Die meisten unserer Entscheidungen sind deshalb ein Kompromiß zwischen 1. und 2. Ein Unterschied ergibt sich nur daraus, wie unsicher ein Entscheidender ist. Ist er es weniger, dann wird er mehr das tun, was er selbst tun will. Ist er es mehr, dann werden ihn die wirklichen oder nur in seiner Angst existierenden Einflüsse von außen stärker in seiner Entscheidung beeinflussen.

Wer deshalb die Entscheidung eines Gegners im manipulativen Spiel beeinflussen will, wird ihn zuerst nach diesen Kriterien beurteilen müssen:

A Ist er ein Typ, der selbst genau weiß, was er will, und ist er konsequent genug, seine Entscheidung nach dem eigenen Willen zu orientieren?

B Ist er ein Typ, der selbst nicht oder nicht genau weiß, was er will?

Der A-Typ wird eine manipulative Entscheidungsaufforderung an seinen Zielen, Maßstäben und konkreten Vorstellungen messen und danach beurteilen. Wenn jemand, der nicht allein ins Kino gehen möchte, ihm sagt: »Komm, geh mit mir ins Kino«, wird er zuerst prüfen, ob er selbst wirklich ins Kino gehen möchte. Er hat vielleicht vor, zu dieser Zeit ein bestimmtes Buch zu lesen. Er wird sich dafür entscheiden, nicht ins Kino zu gehen, sondern sein Buch zu lesen.

Wenn der Gegner ihn dazu überreden will, mit ins Kino zu gehen, wird er sein Angebot stärker »verpacken« müssen, um einen Anreiz zu schaffen, der größer ist als die Entschlossenheit, das Buch zu lesen.

Der B-Typ ist von vornherein unsicher. Er hat auch vor, ein Buch zu lesen. Aber sobald die Entscheidungsaufforderung kommt, beginnen sofort seine Zweifel. Er wird in seiner Überlegung zwischen den beiden Möglichkeiten hin und her pendeln, und eine leichte Verstärkung des Angebots wird genügen, um seine Entscheidung in die beabsichtigte Richtung zu lenken.

Der B-Typ weiß von vornherein nicht genau, was er selbst will. Er hat keine ausgeprägte langfristige Vorstellung für sich und sein Leben und orientiert sich eher nach jenen Impulsen, die ihm im Augenblick attraktiver erscheinen. Das muß jedoch keinesfalls heißen, daß man ihm einfach alles einreden kann. Denn er kann sich genauso schwer dafür als dagegen entscheiden.

Während der A-Typ eine konkrete Wunschvorstellung und den Willen hat, sie ohne viel Rücksicht auf andere zu verwirklichen, muß sich der Gegner mit seinem Entscheidungsimpuls diesen Voraussetzungen anpassen. Beim B-Typ hingegen ist es erforderlich, ihn zuerst auf eine Wunschvorstellung zu fixieren, die dem Vorteil des Gegners entspricht. Er wollte vielleicht, um bei unserem Beispiel zu bleiben, schon seit Monaten ins Kino gehen. Er fand nur immer wieder irgendwelche Einwände, es nicht zu tun. Ist nun sein Wunsch auf Kinogehen fixiert, heißt das nicht, daß er es tatsächlich auch tut. Wenn er vorher noch nach Hause geht, können in dieser Zeit seine Zweifel stärker werden als der Wunsch. Oder ein anderer macht ihm ein Entscheidungsangebot, das ihm in diesem Augenblick noch verlockender erscheint.

Ein wichtiger Punkt in der Entscheidungsbeeinflussung ist deshalb, dem Gegner keine Alternative zu lassen. Er darf keine Gelegenheit haben, seine Entscheidung zu ändern. Dafür haben geschickte Verkäufer allerlei Tricks erfunden. Drängende Hinweise, wie

- »Das ist ein Sonderangebot, das nur heute gilt. Wenn Sie nicht zugreifen, werden Sie es morgen teurer kaufen müssen!«
- Oder: »Das ist mein letztes Stück, nützen Sie die Chance« und anderes mehr.

Zum A-Typ gehören die Leute, die genau wissen, daß sie Wiener Schnitzel lieber mögen als Steaks. Wer ihnen trotzdem ein Steak verkaufen will, kann es nur, wenn er es wie ein Wiener Schnitzel breitklopft und paniert.
Zum B-Typ gehören die Leute, die sich im Gasthaus nie entscheiden können, was sie wollen. Sie überlassen es lieber dem Kellner. Solche Leute werden bisweilen auch als Aufsichtsratsvorsitzende gewählt, weil sie immer für das eintreten werden, was ihnen eine starke Gruppe von Aufsichtsräten vorschlägt. Aus dem gleichen Grund werden manche sogar Regierungschefs. Sie werden schließlich auch gerne von Frauen geheiratet, die genau wissen, was sie wollen.
Die Einteilung in die Typen A und B ist natürlich unvollständig. Es handelt sich um die Extrempunkte der Skala der Entscheidungstypen. Dazwischen gibt es unendlich viele Variationen, die mehr zum einen oder zum anderen Extrem neigen. So werden wir beispielsweise vielen Leuten begegnen, die dem B-Typ zuzuordnen sind. Sie werden im Gasthaus letztlich den Kellner darüber entscheiden lassen, was sie essen. Aber sie werden dabei so tun, als hätten sie genau gewußt, was sie wollten und die Entscheidung selbst gefällt.
Ein geschickter Gegner im manipulativen Spiel wird, hat er einmal die Grundeinstellung des anderen durchschaut, auf solche Variationen eingehen und sie sich zunutze machen. Einige dieser Variationen werden Sie auf den folgenden Seiten noch näher kennenlernen.

Wer eine Entscheidung beeinflussen will, ist daran interessiert, den Entscheidenden nur einseitig zu informieren

Bei einem Seminar für Leute aus dem sogenannten Middle-Management, an dem ich vor einigen Jahren teilnahm, sagte der Vortragende folgenden bemerkenswerten Satz: »Das Wissen über den Gegenstand einer Entscheidung ist für das Resultat von ausschlaggebender Bedeutung.« Die Reaktion auf diese Feststellung war ein belustigtes Grinsen auf den Gesichtern der meisten Zuhörer, manche machten auch Bemerkungen, wie »So, wirklich?« oder »Ach nein, das wäre uns selbst nie eingefallen«. Diese Reaktion war für mich deshalb interessant, weil gerade zu diesem Kurs Leute eingeladen worden waren, in deren Unternehmen in jüngster Zeit zahlreiche Fehlentscheidungen getroffen worden waren. Fehlentscheidungen, die nach Meinung der Unternehmensleitung auf mangelnde Information zurückzuführen waren.
Uns geht es weniger um Entscheidungsprobleme in Unternehmen, sondern um etwas viel Wichtigeres: um unseren ganz persönlichen Bereich. Um unser persönliches Glück und »ob sich an jedem Tag unser Leben erfüllt oder nicht«, wie George B. Warner es ausdrückte.
Es ist erstaunlich, wie wenig Wert die meisten Menschen darauf legen, sich über den Gegenstand ihrer Entscheidung tatsächlich zu informieren. Ein wesentlicher Grund liegt darin, daß kaum jemand, der zu seinem Vorteil von uns eine Entscheidung fordert, daran interessiert ist, uns wirklich zu informieren. Es ist auch absolut nicht in seinem Sinn, uns Zeit und Gelegenheit zu geben, zu seinen Argumenten auch noch die Gegenargumente einzuholen.

- Wenn mein älterer Sohn für eine Schularbeit eine schlechte Note bekommen hat, weiß er es immer so einzurichten, daß sie abends auf meinem Schreibtisch liegt, wenn er schon schlafen gegangen ist. Ich muß sie dann unterschreiben, ohne ihn über die näheren Umstände befragen zu können.
- Wenn Sie sich von Ihrem Reisebüro einen Prospekt über einen italienischen Badeort schicken lassen, werden Sie darin traumhafte Fotos vorfinden. Herrliche Bungalows im Hintergrund, mit ein paar vereinzelten Badegästen am Strand davor. Alle mit zufriedenen Gesichtern, im Wasser planschend und sich in der Sonne räkelnd. Aber sagt Ihnen jemand, daß sich hinter dem Bungalow eine Bar befindet, die bis drei Uhr früh in Betrieb ist?
- Ich selbst habe einmal an der Werbekampagne für eine Limonadenfirma mitgewirkt. Auf Plakaten, in Inseraten und in farbenprächtigen

Fernsehspots zeigten wir die Orangen, die für diese Limonade verarbeitet würden. Wir dachten uns Slogans aus wie »In X sind die erlesensten Orangen Kaliforniens« und Ausdrücke wie »fruchtrein« oder »naturrein«.

Als ich später zufällig in Kalifornien einen früchteverarbeitenden Betrieb besuchte, der Limonadenfirmen beliefert – und zwar in der ganzen Welt –, klärte man mich auf. Die erste Wahl Orangen, so sagte man mir, würde selbstverständlich als Obst verkauft. Erst die dritte Wahl würde zu Sirup verarbeitet, aus dem Limonaden hergestellt würden. Dann sei selbstverständlich noch der Zusatz chemischer Stoffe notwendig, um die Limonade haltbar und ansehnlich zu machen.

- Wir alle kennen eine ganze Schar von Leuten, Männer und Frauen, die über ihren Ehepartner klagen: »Wenn ich das vorher gewußt hätte, hätte ich den nicht geheiratet.«

Aber wer ist – wie gesagt – wirklich daran interessiert, uns die Nachteile einer Sache aufzuzählen, wenn er uns zu einer Entscheidung veranlassen will, aus der er seine Vorteile ziehen kann?

Und wir selbst unterliegen in unseren scheinbar unbedeutenden täglichen Entscheidungen dem Bedürfnis, sie möglichst schnell und möglichst bequem hinter uns zu bringen. Den meisten Menschen genügen ein paar eindrucksvolle Hinweise auf die »hervorragende Qualität« einer Sache, wir lassen uns von der Verpackung verführen und nehmen uns nicht die Zeit, Alternativen zu suchen und sie alle gegeneinander abzuwägen, ehe wir unsere Entscheidung fällen.

Auch wenn Sie auf den Gipfel des Mount Everest fliehen: den Leuten, die Ihre Entscheidungen beeinflussen, werden Sie nicht entkommen

Eine Tatsache müssen wir klar erkennen: Wir können eine Entscheidung mehr oder weniger unserer Wunschvorstellung gemäß fällen. Aber ganz werden wir den direkten, vor allem aber den indirekten Einflüssen anderer Personen nicht entgehen.

Hier sind sie, die Verfolger, die uns unentwegt auf den Fersen sind:

A Personen, die daran interessiert sind, aus unserer Entscheidung einen direkten Vorteil zu ziehen.

B Personen, die dadurch, daß sie unsere Entscheidung in eine bestimmte Richtung lenken, einen indirekten Vorteil ziehen.

C Personen, nach denen wir uns bei Entscheidungen in irgendeiner Form orientieren.

D Personen, auf die wir bei unseren Entscheidungen Rücksicht nehmen zu müssen glauben.

Natürlich sitzen uns nicht alle von ihnen ständig im Genick, aber der eine oder andere ist fast allgegenwärtig, wie etwa meinem Zimmergenossen von einst es sein Vater war, wenn er sich einen Anzug kaufte.

Wann immer ich mit meiner Familie in unser kleines Häuschen auf dem Lande fahre, kommen wir auf der Landstraße hinter einer langen unübersichtlichen Kurve an drei weißen Holzkreuzen vorbei, die irgend jemand dort aufgestellt hat. Dieser »irgend jemand« ist jedes Mal gegenwärtig, wenn ich an den drei Kreuzen vorbeikomme.

Ich stelle mir vor, daß hier drei Menschen starben. Vielleicht waren es Fußgänger, vielleicht verbrannten die drei in einem Auto, das gegen ein anderes gerast war. Oder gegen einen Baum. Unwillkürlich ziehe ich Rückschlüsse auf meine eigene Fahrweise, ich denke an meine Kinder, die hinten im Wagen sitzen. Natürlich beeinflußt das meine Entscheidung, ob ich in den nächsten Kurven ein bißchen mehr oder weniger auf das Gaspedal trete. Wer kann sagen, ob uns nicht dieser unbekannte »irgend jemand« in den vergangenen Jahren mit seiner indirekten Entscheidungsbeeinflussung schon einmal das Leben gerettet hat?

Betrachten wir noch das Beispiel eines Einkaufs. Das Ehepaar X betritt das Geschäft Y, um einen Teppich für das neue Wohnzimmer zu kaufen.

- Das Geschäft Y wurde deshalb ausgewählt, weil Herr X dort kürzlich beim Vorübergehen in der Auslage einen Teppich gesehen hat, der ungefähr seiner Vorstellung entsprach. Der Auslagendekorateur hat also einen wesentlichen Anteil daran, daß das Ehepaar gerade dieses Geschäft besucht.

- Der Verkäufer in dem Geschäft legt Herrn und Frau X den gewünschten Teppich vor. Dabei erkundigt er sich nach der Farbe der Möbel und bringt damit einen Gesichtspunkt ins Gespräch, dem das Ehepaar bisher noch keine besondere Bedeutung beigemessen hat. Also wird auch der Verkäufer seinen Anteil an der späteren Kaufentscheidung haben.
- Zu bemerken ist, daß natürlich auch der Besitzer des Geschäftes, der die Kollektion aussucht, an der Entscheidung mitbeteiligt ist. Hätte er nicht gerade den Teppich bei der Herstellerfirma bestellt, der Herrn X in der Auslage ins Auge fiel, wären die Käufer vermutlich in ein anderes Geschäft geraten.
- Bei der Auswahl des geeigneten Stücks differieren nun die Ansichten des Ehepaares. Herr X denkt mehr an das Muster, die Größe und die Farben. Frau X bildet sich ein, etwas von der Qualität zu verstehen, sie ist auch die Rechnerin in der Familie, wenn es um Geld geht. Schließlich berücksichtigt sie auch die Pflege, die ja ausschließlich ihr obliegt. Beide Partner werden also aufeinander Rücksicht nehmen, um zu einer endgültigen Auswahl zu kommen.
- Insgeheim denken beide auch daran, was die Gäste sagen werden, vermutlich auch die Nachbarin, die alle in nächster Zeit einmal das neue Wohnzimmer besichtigen werden.
- Schließlich bleibt noch zu erwähnen, daß die Grundidee der Einrichtung des Wohnzimmers aus einer Illustrierten stammt, die sich hauptsächlich mit dem Problem des Wohnens befaßt und die Frau X gelegentlich kauft. Viele Eindrücke daraus haben ihre Vorstellung von der Einrichtung und damit auch von der Art des Teppichs geformt.

Wie es dazu kommt, daß wir oft eine Entscheidung, die wir gestern fällten, schon heute wieder ändern möchten

Wir haben bisher gesehen, daß folgende drei Komponenten eine Entscheidung wesentlich beeinflussen:

1. Die zwei Entscheidungstypen, die sich dadurch unterscheiden, daß der eine selbst genau weiß, was er will, während der andere in seinen Wunschvorstellungen unsicher und daher leichter beeinflußbar ist.
2. Die Fähigkeit, vor einer Entscheidung alternative Informationen einzuholen. Denn jeder, der uns beeinflussen will, informiert uns nur darüber, was vorwiegend ihm nützt.
3. Die direkten oder indirekten Einflüsse, denen jeder unterliegt und mit denen er bewußt oder unbewußt immer wieder Kompromisse schließt.

Nach diesen drei bisher aufgezeigten Komponenten wollen wir noch eine vierte näher betrachten: die Fähigkeit des Entscheidenden, im »Augenblick der letzten Chance«, ehe er endgültig »ja« oder »nein« sagt, noch einmal seine Entscheidung nach Vor- oder Nachteilen zu überprüfen.

- Entweder er unterliegt jetzt allen auf ihn wirkenden Einflüssen oder wenigstens einigen, die besonders stark sind. Er läßt sich von ihnen sozusagen die Entscheidung abnehmen.
- Oder er ist imstande, sich noch einmal von diesen Einflüssen zu distanzieren, sie abzuwägen und die Frage zu überlegen: Was werden die Folgen meiner Entscheidung sein?

Kürzlich las ich von einem Fall in der Zeitung, der etwa folgendermaßen verlief:

Ein Autofahrer wurde wegen eines geringfügigen Vergehens von einem Polizisten angehalten. Der Polizist hatte ursprünglich die Absicht, den Mann nur zu belehren. Seiner Autorität voll bewußt und keiner psychologisch wirkungsvolleren Methode mächtig, begann er sein Gespräch mit der ungeschickten Frage: »Sind Sie sich klar darüber, warum ich Sie anhalte?«

Die Art der Fragestellung erboste den Autofahrer so sehr, daß er antwortete: »Das interessiert mich überhaupt nicht, Sie Trottel.«

Durch diese Antwort fühlte sich nun der Beamte seinerseits gekränkt. Er versuchte sich damit zu revanchieren, daß er den Autofahrer aufforderte, ihm die Ausweispapiere zu zeigen.

Nun geschah etwas, das später vor Gericht nicht geklärt werden konnte. Der Autofahrer behauptete, der Polizist hätte versucht, ihn mit Gewalt aus dem Wagen zu zerren. Der Polizist seinerseits erklärte, er sei von dem Mann tätlich angegriffen worden. Aus der Sache wurde eine kleine

Staatsaffäre. Gericht, Berufung, zweite Instanz, dritte Instanz, Kosten und ein gewaltiger Aufwand.

Kehren wir an den Beginn der Affäre zurück. Am Anfang standen zwei Entscheidungen:

1. Jene des Polizisten, der sich nicht die Mühe machte zu überlegen, welche Formulierung optimal zum Ziel führen könnte. Nämlich den anderen zu veranlassen, darüber nachzudenken, daß seine Fahrweise gefährlich war. Der Beamte war offensichtlich mehr darauf bedacht, sich als Autoritätsperson herauszustellen, als darauf, ein positives Ergebnis seiner Belehrung zu erzielen.
2. Jene des Autofahrers, der seinen Unwillen kundtun wollte. Er nützte ebensowenig wie der Polizist den »Augenblick der letzten Chance«, um die Folgen seiner Beschimpfung zu kalkulieren. Er hätte sich einen Augenblick lang von seiner Emotion distanzieren und überlegen sollen:

- Der Polizist will nichts anderes, als sich in seiner Funktion bestätigt sehen.
- Wenn ich ihn beleidige, wird er sein Bemühen verstärken. Ich versperre mir selbst die Möglichkeit, das Gespräch zu meinem Vorteil zu Ende zu bringen.
- Wenn ich ihn in seiner Autorität bestätige und damit sein Bedürfnis nach Anerkennung befriedige, habe ich eine größere Chance, meine eigenen Interessen wahrzunehmen.

Es ist anzunehmen, daß der Autofahrer die ganze Sache nach ein paar Wochen schon längst bereute. Aber er konnte nicht mehr zurück. Er verlor schließlich auch den Prozeß und hatte nicht einmal die Genugtuung, recht behalten zu haben. Anders der Polizist, der jetzt endlich auf Umwegen die persönliche Bestätigung erhielt, nach der er sich von Anfang an gesehnt hatte.

Wir alle stehen fast täglich vor solchen oder ähnlichen Entscheidungsproblemen, in denen nicht selten durch ein einziges Wort Folgen auftreten, die wir überhaupt nicht beabsichtigen. Und warum?

Weil wir den »Augenblick der letzten Chance« nicht nützten, um – für den Bruchteil einer Sekunde – zu kalkulieren: »Welche Folgen kann es haben, wenn ich das tue, was ich jetzt unter dem Einfluß der Umstände tun möchte?«

Der Ablauf einer Entscheidung, und wie wir ihn bei anderen zu unserem Vorteil beeinflussen können

Jeder, der sich daranmacht, zu seinem eigenen Vorteil die Entscheidung eines anderen zu beeinflussen, will im Grunde genommen nichts anderes, als ihn ein bißchen erpressen. Oder unterdrücken. Oder ausnützen. Selbst wenn einer zum anderen sagt: »Ich möchte, daß Sie diesen Auftrag übernehmen, aber ich überlasse Ihnen selbst die Entscheidung, ob Sie ihn übernehmen oder nicht«, so ist diese Formulierung schon eine raffinierte Mischung aus Erpressung und Heuchelei.

Der eine will natürlich, daß der andere sich für die Übernahme des Auftrags entscheidet, aber er möchte bei ihm den Eindruck erwecken, er könne sich selbst entscheiden. Aus reiner Menschenfreundlichkeit? Natürlich nicht. Aber mit einem Auftrag, für den wir uns – auch unter den fadenscheinigsten Umständen – selbst entschieden haben, identifizieren wir uns ungleich stärker. Außerdem bekommt dadurch der Auftraggeber das Argument in die Hand: »Ich habe es Ihnen freigestellt, aber Sie haben sich ausdrücklich dafür entschieden.«

Mit diesem Trick wurde schon mancher in eine Aufgabe hineinmanövriert, in der er aus Stolz und Ehrgeiz zum Nutzen des Auftraggebers über sich hinauswachsen mußte, um sie zu lösen. Und das nur, weil er seiner Entscheidung »gerecht werden« wollte. Andere allerdings wurden damit überfordert, und ihr Selbstbewußtsein und Ansehen erhielten einen Knacks, von dem sie sich lange nicht erholten.

Man kann ohne Übertreibung sagen, daß jedes Bemühen, einen anderen in seiner Entscheidung zu beeinflussen, diese drei wesentlichen Ziele hat:

- Ihn in seiner kritischen Urteilsfähigkeit weitgehend einzuschränken.
- Ihn auf unsere einseitigen Informationen zu fixieren.
- Ihm keine Zeit zu lassen, Alternativen zu suchen.

Nach genau diesem Grundsatz werden Sie und ich tagtäglich mit Entscheidungs-Herausforderungen geradezu bombardiert. Oder haben Sie vielleicht schon einmal im Fernsehen einen Werbespot gesehen, in dem Ihnen nicht nur die einmaligen, hervorragenden und nirgendwo anders zu findenden Vorteile eines Deodorants aufgezeigt wurden, sondern auch die Nachteile dieses Produktes für Ihre Haut?

Es wäre maßlos übertrieben, wenn man behaupten wollte, alle diese manipulativen Manöver würden mit größter Raffinesse an uns herangetragen. Manchmal sind sie so plump, daß man nur staunen kann, wenn wir und mit uns Millionen andere doch wieder darauf hereinfallen.

Erst kürzlich hörte ich mit meiner Frau gemeinsam im Radio die Anprei-

sung des allerallerneuesten Waschmittels einer großen Markenfirma. Es wurde darauf hingewiesen, daß damit nun wirklich endlich in Synthetiks alle Flecken samt Rändern herausgewaschen würden: Mir drängte sich die Frage auf, was denn die vielen anderen ungezählten Waschmittel dieser Firma und ihrer Konkurrenten bisher eigentlich geleistet haben, wenn nicht Schmutz samt Rändern aus der Wäsche herauszuholen.
Meine Frau nickte auf diese meine Frage versonnen vor sich hin. Ich wurde den Verdacht nicht los, daß sie gerade dabei war, sich den Namen des neuen Mittels einzuprägen, um in ihren hausfraulichen Bemühungen nicht hinter Millionen anderen zurückzustehen. Schließlich – dazu werden Frauen von Waschmittelfirmen, und nicht nur von ihnen, ja seit Jahren erzogen – darf eine gute Hausfrau nie in ihrem Eifer erlahmen, die sauberste Wäsche der Welt zu besitzen.
Was wir nun tun wollen, ist, den Ablauf der Vorgänge, die zu einer Entscheidung führen, näher zu untersuchen. Vorher bitte ich Sie, im Lesen innezuhalten und über den vorangegangenen Satz ein paar Sekunden nachzudenken. Fällt Ihnen etwas auf? Ich schrieb: »Was wir nun tun wollen ...«
Das ist natürlich reine Heuchelei. *Ich* tue es, und *ich* will es. Aber um Ihnen zu schmeicheln und Sie in mein Vorhaben einzubeziehen, verwende ich den uralten Trick mit dem »Wir wollen ...«
Auf diese Weise »wollen wir« in unserem Leben ungezählte Dinge, von denen wir nicht die geringste Ahnung und zu denen wir vielfach auch nicht die geringste Lust haben. Achten Sie in Zukunft ein wenig darauf, und Sie werden es mit Erstaunen feststellen, wenn allerhand Leute öffentlich erklären:

- »Wir Deutschen sind an einer gerechten Lösung dieses für die ganze Welt so wichtigen Problems interessiert.«
- »Wir wollen eine saubere Stadt und sind bereit, jeder einzelne von uns, ein Opfer zu bringen.«
- »Wir Arbeiter haben es satt, uns von Spekulanten weiter ausbeuten zu lassen, die ...«
- »Wir Zahnärzte wollen in erster Linie eine Lösung, die unseren Patienten die Gewähr gibt, daß ...«

Denken Sie nicht, ich hätte diese Formulierungen frei erfunden. Sie stammen aus der Lektüre von Zeitungen und Schriften, die ich heute früh auf meinem Schreibtisch fand. Ich darf Ihnen versichern, daß ich selbst kein Zahnarzt bin und auch nie einer war. Ebenso sicher bin ich allerdings auch, daß es unter den Zahnärzten, die als »wir« bezeichnet wurden, eine ganze Menge gibt, die ganz bestimmt in erster Linie an einer Lösung interessiert sind, die vor allem ihnen selbst die Gewähr gibt, in Zukunft mehr als bisher zu verdienen, ehe sie sich Sorgen um ihre Patienten machen. Wir – um noch einmal die aufgezeigte Diktion zu benützen – wollen

es ihnen auch nicht verübeln. Auch wir tun bisweilen so, als wären wir am Wohle eines anderen mehr interessiert als an unserem eigenen.
Nun aber zurück zur Untersuchung des Entscheidungsablaufes und den Möglichkeiten seiner Beeinflussung. Bleiben wir bei unserem Beispiel, in dem wir einen Gegner im Spiel der Manipulation dazu veranlassen wollen, mit uns ins Kino zu gehen.
Unser Vorteil dabei: Wir möchten ganz einfach nicht allein gehen. Es kann natürlich auch sein, daß wir mit dem Gegner langfristig etwas ganz anderes vorhaben. Den Kinogang benützen wir nur dazu, um an ihn ungestört heranzukommen. In Wahrheit beabsichtigen wir, nach dem Kino noch mit ihm bei einem Glas Bier oder einer Tasse Kaffee zusammenzusitzen, um ihn dort dann zu der Entscheidung zu veranlassen, die wir tatsächlich im Auge haben.
Der Kinogang ist nur ein ganz einfaches, willkürlich gewähltes Beispiel. Wenn Sie natürlich mit einer jungen Dame etwas ganz Bestimmtes vorhaben, werden Sie sie vielleicht gleich ins Theater einladen oder zu einem Abendessen, wobei Sie selbst wissen müssen, wie hoch die Ausgaben sind, die Sie investieren wollen und können.
Den Gegner abschätzen und Ihr manipulatives Manöver darauf einstellen, das ist die erste notwendige Maßnahme, ehe sie weiter vorgehen zur

1. Phase

Sie besteht darin, daß Sie bei ihm die Aufmerksamkeit für das erregen, wozu Sie ihn veranlassen wollen. Sehr viele Leute würden jetzt schon sagen: »Kommst du mit ins Kino, allein zu gehen ist mir zu langweilig.« Damit würden Sie die Entscheidung dem Zufall oder der augenblicklichen Laune des Gegners überlassen. In diesem Stadium wäre er, der ja nach Hause gehen und ein Buch lesen will, noch viel zu sehr auf dieses Vorhaben eingestellt.
Wenn Sie aber auf die Frage: »Was hast du denn heute noch vor, weil du es so eilig hast?« die Antwort erhalten, daß es ein Fachbuch ist, das er aus beruflichen Gründen lesen muß, bietet Ihnen dies bereits einen Anhaltspunkt, an den Sie anknüpfen können. Sie wenden nun das zweite Manipulationsgesetz, Punkt 2, an, also »die gezielte Schmeichelei«.
Sie interessieren sich sofort intensiv für die Arbeit des Gegners und sein Buch. Sie lassen auch ein paar bewundernde Bemerkungen einfließen. Aber vorerst noch kein Wort von dem, was *Sie* wollen. Lassen Sie ihn reden. Er wird sich gewürdigt und bewundert fühlen. Sie schaffen eine Atmosphäre der Sympathie, indem Sie den anderen über sich reden lassen. Erst wenn diese Voraussetzung gegeben ist, beginnen Sie die nächste Phase Ihres Manövers.

2. Phase

Jetzt ist es an der Zeit, dem Gegner Ihr Angebot zu verkaufen. Aber natürlich nicht, indem Sie ihn fragen: »Kommst du mit ins Kino, alleine langweile ich mich.« Sie wenden das dritte Manipulationsgesetz an. Es besagt: Verpacken Sie dem Gegner Ihren Vorteil so, daß er selbst darin einen Vorteil sieht.

Zwei Voraussetzungen müssen dafür gegeben sein:

A Sie müssen bereits wissen, ob der Gegner mehr emotionell oder mehr rational anzusprechen ist. Dieses Wissen sollten Sie in Phase 1 erlangt haben, als er – von Ihnen angeregt – über sich erzählte.

B Sie brauchen Informationen über den Film, den Sie besuchen wollen. Dieses Wissen braucht keinesfalls umfassend zu sein. Tatsächlich genügt der eine einzige Hinweis, mit dem beim Gegner das Bedürfnis erweckt wird, diesen Film zu sehen. Sie werden sich auch nicht festlegen. Vielmehr werden Sie, wenn es sich machen läßt, das Argument so vorbringen, daß der Gegner es aufnehmen und von sich aus verteidigen *muß*.

Dazu muß gesagt werden, daß dies der schwierigste Schritt in Ihrem Vorgehen ist, der einiges Anpassungsvermögen verlangt. Hier seien nur einige Spielmöglichkeiten erwähnt

- Sie sagen: »Wenn du so hart an dieser Sache arbeitest (gemeint ist das Thema des Buches), bleibt dir ja gar keine Zeit, dich zu entspannen. Es ist dir aber doch klar, daß das gefährlich ist.« Dann flechten Sie ein paar Bemerkungen über Herzinfarkt ein oder erzählen von einem Freund, der immer nur an seine Karriere dachte und nicht nur jetzt im Spital liegt, sondern auch vorher die anderen interessanten Dinge im Leben versäumte. Etwa ab und zu einmal einen interessanten Film zu sehen. Wenn der Film, den Sie sehen wollen, nicht gerade »gut« ist, sondern einfach ein toller Western, werden Sie darauf hinweisen, wie viel der Kontrast zu der Entspannung beiträgt, die man für jede Arbeit braucht.
- Sie sagen: »Ich arbeite da auch gerade an einer komplizierten Sache. Aber ich komme einfach nicht weiter, deshalb habe ich mir gedacht, ich tu' einmal etwas ganz anderes. Ich schau mir einen Film an, von dem ich schon so viel gehört habe. Ich bin zwar ziemlich skeptisch, ob der wirklich so gut ist, wie alle sagen. Aber mir geht es vor allem um die Abwechslung.«

  Vielleicht sagt Ihr Gegner jetzt: »Ja, ja. Von dem Film habe ich auch schon die tollsten Dinge gehört.« Dann regen Sie ihn durch immer neue Fragen an, doch darüber zu erzählen. Sie brauchen dann nur noch zu fragen: »Und warum schauen wir uns den Film nicht an, du hast mich richtig neugierig gemacht.«

Es kann auch sein, daß er auf das Thema Film und Kinogehen dadurch eingeht, daß er sagt, er hätte von einem anderen Film gehört, daß er so toll sein soll. Dann lassen Sie ihn ebenfalls darüber reden und schließen einen Kompromiß. Schließlich wollen Sie ja nur nicht allein ins Kino gehen. Und wenn dieser andere Film gut ist, warum nicht diesen ansehen?

- Wenn der Gegner über den Film, den Sie sehen wollen, überhaupt noch nichts gehört hat, müssen Sie einen Anhaltspunkt finden, auf dem Sie weiter aufbauen können. Vielleicht den Hauptdarsteller. Oder, wenn der andere gerne lacht, werden Sie sagen: »Ein paar Freunde von mir haben sich in dem Film totgelacht« (qualitative und/oder quantitative Verstärkung).

Welche emotionalen oder rationalen Argumente Sie auch anwenden, so werden Sie doch immer kontrollieren, wie weit Sie sich Ihrem Ziel genähert haben. Daraus werden Sie Schlüsse ziehen, ob der Gegner ein A-Entscheidungstyp ist, dem Sie nun nur mehr auf die Schulter zu klopfen brauchen mit den Worten: »Nun komm schon, tun wir etwas für deine Entspannung. Glaube mir, du brauchst sie.« Oder ob er ein B-Typ ist, der noch eines weiteren starken Anstoßes bedarf.

Ich kenne einige Meister der Manipulation, die diese Überzeugungsphase so perfekt beherrschen und anwenden, daß sie sie bis zu einem Punkt vorantreiben, an dem ein »Umkehr-Effekt« eintritt.

Einer dieser Leute, er ist Junggeselle, wendet diese Technik erfolgreich an, und zwar bei Frauen aller Altersstufen, wenn er auf Eroberungen ausgeht. Man sagt ihm nach, daß er imstande ist, weibliche Gegner, die ihn vorher kaum beachten – was seinen Reiz an dem Spiel noch erhöht –, so weit zu bringen, daß schließlich sie ihn verführen, statt umgekehrt.

Dies ist allerdings eine Sache jahrelanger Übung, die natürlich anfangs mit mancherlei Fehlschlägen verbunden ist. Aber wie in jedem anderen Bemühen und in jedem Sportzweig ist dies eine Frage des Nicht-Aufgebens.

3. Phase

Wenn die 2. Phase erfolgreich abgeschlossen wurde, bedarf es keiner weiteren Bemühungen mehr. Trotzdem darf Ihre Wachsamkeit noch nicht völlig nachlassen, bis Sie mit Ihrem Gegner die Sitzplätze im Kino eingenommen haben. Weitere Maßnahmen nach Ende der Phase 2 hängen davon ab, ob der »Augenblick der letzten Chance« schon überwunden ist und der Gegner seine Entscheidung praktisch schon gefällt hat.

Wenn er bereit ist, mit ins Kino zu gehen, aber der »Augenblick der letzten Chance« noch bevorsteht, werden Sie ein letztes starkes Argument ins Treffen führen, das keine Alternative zuläßt. Wie etwa »Heute spielen sie diesen Film zum letzten Mal«. Auch wenn diese Behauptung nicht zutrifft, wird sie ihre Wirkung nicht verfehlen. Sie können sich später immer noch darauf ausreden, daß Sie sich geirrt hätten. Aber diese Rechtfertigung wird in den meisten Fällen später kaum mehr notwendig sein. Ich möchte an dieser Stelle noch hinzufügen, daß dieses Ablaufbeispiel der Beeinflussung einer Entscheidung keinesfalls als allgemeingültige Norm zu verstehen ist. Jeder muß, wie Sie bereits wissen, für sich, seine Voraussetzungen, die Situation und die Gegebenheiten beim Gegner stets selbst entscheiden, welche Methode er anwendet und wie er sein Wissen um die Manipulationsgesetze variiert.

Es sollte hier nur an einem einfachen Beispiel gezeigt werden, welche Anwendungsmöglichkeiten Ihnen durch die Kenntnis der Manipulationsgesetze zur Verfügung stehen. Sie selbst werden entscheiden müssen, ob und wann Sie im Verlauf ihrer manipulativen Aktion statt der in Phase 2 erwähnten »gezielten Schmeichelei« eine andere Methode für wirksamer halten. Etwa »das Gegenteil von dem tun, was man erwartet« oder »die gezielte Provokation«. Entscheidend aber ist, daß Sie diese Methoden kennen, ihre Anwendungsmöglichkeiten verstanden und sich immer wieder darin geübt haben.

Ganz bewußt finden Sie bei den Erläuterungen der Manipulationsgesetze vorwiegend Beispiele aus dem Alltag, manchmal sogar von einer Art, die Ihnen recht trivial erscheinen mag. Dies geschieht mit folgender Überlegung:

Die großen Entscheidungen in unserem Leben dürfen nicht als außergewöhnliche, alleinstehende Maßnahmen gesehen werden. Ob und wie wir sie bewältigen, hängt vorwiegend davon ab, wie wir vorher die Vielzahl der völlig unbedeutend erscheinenden kleinen Entscheidungen des Alltags bewältigt haben. Wer kleinen Entscheidungen aus dem Weg geht, weil er die Zusammenhänge nicht kennt, die dabei wirksam sind, wird sehr wahrscheinlich große Entscheidungen ebenso meiden.

Wer jedoch die Zusammenhänge an den kleinen, scheinbar unwichtigen Entscheidungen erkannt und gelernt hat, sie nicht dem Zufall zu überlassen, eignet sich damit die Voraussetzungen an, große Entscheidungen besser zu bewältigen.

Jeder kann sich bei Anwendungsversuchen der Manipulationsgesetze im trivialen Alltagsbereich die Routine aneignen, die ihm in großen Fällen zu Hilfe kommt. In kleinen Dingen fallen Fehlschläge, die mit jeder Übungsphase überall naturgemäß verbunden und auch nützlich sind, nicht so ins Gewicht wie in großen.

Achtes Manipulationsgesetz

Die Sprache ist das wichtigste Instrument der Manipulation. Dieses Instrument bewußt und gezielt einzusetzen ist die Voraussetzung für jede erfolgreiche Menschenbeeinflussung.
Die Sprache *bewußt* gebrauchen heißt: im richtigen Augenblick das Richtige sagen und im richtigen Augenblick zuhören können.
Die Sprache gezielt gebrauchen heißt: nicht unter allen Umständen das sagen, was wir denken oder empfinden, sondern das, was unseren Absichten mit größter Wahrscheinlichkeit zum Erfolg verhilft.
Wer im Gespräch einen Gegner beeinflussen und überzeugen will, hat die größten Aussichten auf Erfolg, wenn er nicht sich selbst, sondern den Gegner als Mittelpunkt des manipulativen Spieles betrachtet.

Warum man sehr oft ohne viel zu reden mehr erreicht als mit vielen Worten

Vor Jahren einmal saß ich im Wartezimmer eines Zahnarztes. Mit mir wartete eine ältere, gebrechliche Dame, die in einem Buch las und mich kaum beachtete. Als sie aufgerufen wurde, legte sie das Buch weg und versuchte, sich mühevoll aus dem Sessel zu erheben. Ich sprang auf und machte Anstalten, ihr zu helfen. Dabei murmelte ich nur den einen Satz: »Darf ich Ihnen behilflich sein?« Aber ehe ich zu ihrem Sessel kam, war die Dame schon aufgestanden. Ich hatte also gar keine Gelegenheit mehr, ihr beizustehen.

Als ich einige Zeit später in das Ordinationszimmer des Zahnarztes trat, schüttelte er mir sehr freundlich die Hand, als wären wir schon lange Zeit alte Freunde. Als erstes sagte er zu mir: »Ich war schon richtig neugierig darauf, Sie kennenzulernen. Die Dame, die eben bei mir war, hat mir die ganze Zeit nur von Ihnen erzählt. Sie sagte, Sie wären so freundlich zu ihr gewesen, und höfliche Männer gäbe es heute ja kaum mehr« und so weiter und so weiter. Eine kleine Geste, ein einziger undeutlich gemurmelter Satz hatten die Phantasie dieser Dame so sehr angeregt, daß sie aus mir einen Mann machte, »wie es ihn heute kaum mehr gibt«. Und das, obwohl wir uns vorher niemals gesehen hatten und auch sonst nichts voneinander wußten. Ich möchte damit ausdrücken, daß es keinesfalls immer notwendig ist, einem Menschen sein Leben und seine Leistungen stundenlang in den schönsten Farben zu schildern, um ihn für sich einzunehmen. Oft genügen ein paar Worte, ein paar Sätze oder eine unmißverständliche Geste. Wenn Sie mich fragen, ob diese Sätze oder Worte von uns und unseren Vorzügen handeln sollen, dann kann ich Ihnen nur versichern: natürlich nicht, im Gegenteil. Reden Sie über den anderen, stellen Sie ihn in den Mittelpunkt, zeigen Sie ihm Ihr Interesse an ihm.

Wer immer Ihr Gegner in einem manipulativen Manöver ist, eines können Sie von vornherein als gegeben ansehen: Nichts hört er lieber, als wenn Sie von ihm sprechen und sich für ihn interessieren.

Machen Sie doch einmal selbst den ganz einfachen Versuch: Sagen Sie zu einem Bekannten, der eben aus dem Urlaub zurückgekommen ist, nur den einen Satz: »Jetzt erzähl einmal, wie es war.«

Hören Sie ihm bei seiner Schilderung aufmerksam zu und flechten Sie ab und zu eine Bemerkung ein wie »Ach, wirklich?« oder ermuntern Sie ihn, das eine oder andere Erlebnis noch etwas ausführlicher zu erzählen. Sie werden sehen: Wenn Ihnen Ihr Bekannter zum Abschied die Hand gibt, wird er es glücklich tun und voller Sympathie für Sie. Und wenn

Sie ihn jetzt, kurz vor dem Weggehen, noch schnell um etwas bitten, das Sie die ganze Zeit schon von ihm haben wollten, dann wird er dafür viel empfänglicher sein, als wenn Sie ihm eine Stunde lang ausführlich über sich und Ihr Problem erzählt und ihm immer wieder gesagt hätten, wie dringend Sie seiner Hilfe bedürften.

Eigentlich ist es erstaunlich, daß diese einfache Methode wirkungsvoller Menschenbeeinflussung von so wenigen Menschen bewußt angewendet wird. Ich kenne aus meinem Bekanntenkreis viele, die meinen, je länger sie auf einen anderen einreden, um so mehr würden sie auch bei ihm erreichen. Natürlich führt das manchmal zum Ziel, wenn der Gegner zufällig dafür empfänglich ist. Wohlgemerkt »zufällig«. Hier geht es aber nicht darum, unseren Erfolg dem Zufall zu überlassen, sondern bewußt und gezielt vorzugehen und eine Methode anzuwenden, die mit »größter Wahrscheinlichkeit« zum Ziel führt.

Die Werbeleute exerzieren uns immer wieder vor, wie es möglich ist, mit ganz wenigen Worten oder mit einem eindrucksvollen Bild größte Wirkungen zu erzielen. Sicherlich erinnern Sie sich noch an den Werbeslogan »Mach mal Pause, trink Coca-Cola«, der jahrelang in aller Munde war. Wissen Sie, was diesen Satz so ankommen ließ? Es war weniger die Aufforderung: »Trink Coca-Cola«, sondern vielmehr der Hinweis: »Mach mal Pause!« Er gab in den Nachkriegsjahren, als alle nichts anderes im Sinne hatten, als sich ein neues Leben aufzubauen und hart dafür zu arbeiten, den Leuten das Gefühl, daß es jemanden gab, der sich um sie sorgte. Während jeder nur ans Arbeiten dachte, war da plötzlich jemand, der ihm suggerierte: »Hör mal ein paar Minuten damit auf. Gönn dir eine Pause. Du hast sie verdient.« Und ganz nebenbei wurde mit dieser Sorge die Botschaft verbunden, sich mit einer Flasche Coca-Cola etwas Erfrischung zu verschaffen.

Das ist ein typisches Beispiel dafür, wie bewußt und gezielt die Werbung auf die Bedürfnisse derer eingeht, die sie beeinflussen will. Es zeigt auch, wie mit ganz wenigen Worten ein Bedürfnis nachdrücklich angesprochen werden kann.

Immer wieder werden wir feststellen, daß Menschen, die viel über eine Sache (und meistens ist dies ihre eigene Person) reden, im Grunde genommen gar nicht wissen, was sie eigentlich sagen wollen. Sie sprechen eine halbe Stunde lang über etwas, das in ein paar knappen Sätzen gesagt werden könnte.

Warum, so muß man sich fragen, tun sie das? Es liegt sicherlich daran, daß wir die Sprache nur zu einem Teil dazu benützen, um einem anderen etwas mitzuteilen. Zum anderen Teil setzen wir sie dafür ein, Dinge zu verbergen oder zu verschleiern, von denen wir nicht haben möchten, daß der andere sie so sieht, wie sie wirklich sind.

Ich erinnere mich da an unseren Deutschlehrer in der Schule. Er pflegte

vor einer Prüfung den Schüler zu fragen: »Haben Sie die Aufgabe gelernt?« Nur ganz selten erhielt er ein klares »Ja« oder »Nein« als Antwort. Meistens setzte der Befragte zu einer langatmigen Erklärung an, mit vielen »eigentlich« und »aber«. Der Lehrer gab sich mit solchen Antworten nie zufrieden, er bohrte so lange weiter, bis er eine klare Aussage erhielt. Auch wenn es ein »Nein« war, schien er damit zufrieden zu sein. Er sagte dann: »So, jetzt wissen wir wenigstens ganz genau, woran wir sind.«
Geht es uns allen nicht sehr oft ähnlich? Wir reden um eine Sache herum, weil wir nicht recht wissen, was wir eigentlich sagen wollen. Wir haben ganz einfach zu reden begonnen, ehe wir das Ziel des Gespräches und die Wirkung, die wir erzielen möchten, erklärt haben. Wie aber können wir einen anderen von etwas überzeugen, ehe wir uns selbst ganz eindeutig zu einer Überzeugung durchgerungen haben?
Dazu tritt noch ein anderes, für die Wirkung des Gesagten ebenso entscheidendes Moment: die Bereitschaft des anderen, unseren Ausführungen zu folgen. Sie ist, das müssen wir wissen, nicht unbegrenzt.
Jeder Gesprächspartner hat Augenblicke, in denen er bereit ist, uns größte Aufmerksamkeit zu schenken. Diese Bereitschaft erlahmt sehr bald wieder. Dann kommt es zu jenen Momenten, in denen er unruhig wird und sich in Gedanken mit etwas anderem beschäftigt. Er hört uns wohl noch zu, aber nur mehr »mit einem Ohr«.
Deshalb ist es notwendig, in unserem manipulativen Spiel folgende wichtige Punkte zu beachten:

- Ehe wir ein Gespräch beginnen, müssen wir das Ziel unseres Manövers festgelegt haben.
- Wenn wir selbst von dem, was wir sagen wollen, überzeugt sind, weil wir es vorher gründlich durchdacht haben, werden wir imstande sein, es eindrucksvoll darzulegen, ohne lange herumzureden.
- Die Aufmerksamkeit des Gegners ist nicht unbegrenzt. Deshalb müssen wir den Augenblick nützen, in dem er bereit ist, unsere Botschaft konzentriert aufzunehmen.
- Die Aufmerksamkeit des Gegners und seine positive Einstellung zu uns sind dann besonders groß, wenn er selbst im Mittelpunkt des Gesprächs steht. Wenn wir also über ihn sprechen oder ihn ermuntert haben, selbst über sich zu sprechen.

Die Kunst, auf einer Ebene zu denken und auf einer anderen Ebene zu sprechen

Ich war vor Jahren einmal Tischnachbar der inzwischen verstorbenen Eleanor Roosevelt, der Gattin des ehemaligen Präsidenten der USA. Im Verlauf unseres Gesprächs stellte ich ihr die Frage, was sie für die wichtigste Fähigkeit halte, die ein Politiker besitzen müsse. Zu meiner Überraschung sagte sie: »Junger Mann, die wichtigste Fähigkeit eines Politikers ist die Beherrschung der Kunst, auf einer Ebene zu denken und auf einer anderen Ebene zu sprechen.«

Diese Erkenntnis klang für mich damals ziemlich schockierend. Nicht ohne Grund. Schließlich wurde hier offensichtlich die Doppelzüngigkeit als eine Tugend dargestellt. Der Heuchelei wurde das Wort geredet. Sollte es, so fragte ich mich, wirklich erstrebenswert sein, sich über Begriffe wie Ehrlichkeit, Offenheit und Wahrheit hinwegzusetzen? Inzwischen habe ich die tiefe Wahrheit dieses Ausspruchs längst begriffen. Natürlich wäre das Zusammenleben zwischen den Menschen um vieles problemloser, wenn jeder von uns sich vorbehaltlos an diese Begriffe hielte. Aber wir tun es nun einmal nicht. Zu viele Angewohnheiten und Schwächen hindern uns daran. Vor allem die eine, daß wir für Ehrlichkeit, Offenheit und Wahrheit nur in den seltensten Fällen empfänglich sind.

Natürlich begegnen wir hin und wieder Menschen, die stolz von sich behaupten: »Ich sage offen, was ich denke.« Aber tun sie das wirklich, oder geht es ihnen vielmehr nur um den Eindruck, den sie bei anderen erwekken möchten? Wenn sie tatsächlich nach diesem Vorsatz handeln, können wir immer wieder feststellen, wie wenig Eindruck es auf andere Leute macht.

Im Grunde genommen leben wir alle, und zwar ohne Ausnahme, unser ganzes Leben lang in einer permanenten Diskrepanz zwischen dem, was wir denken und möchten einerseits, und dem, was wir sagen können andererseits. Wir unterscheiden uns voneinander nur dadurch, wie gut oder schlecht wir diese Diskrepanz bewältigen.

In welchem Maße uns das gelingt, hängt zuallererst von einer einzigen Fähigkeit ab. Von der Fähigkeit, auf dem Wege vom Denken zum Artikulieren unserer Gedanken eine kontrollierende Pause einzulegen. Es ist die Pause, in der wir das, was wir sagen, auf eine andere Ebene verrücken, als es die Ebene unseres Denkens ist.

Lassen Sie mich an Hand eines einfachen Beispiels demonstrieren, was es mit diesen verschiedenen Ebenen auf sich hat. Nehmen wir an, ein Ehemann kommt abends nach Hause und seine Frau stellt ihm die Suppe auf den Tisch. Er merkt sofort, als er den ersten Löffel voll gegessen hat, daß etwas mit der Suppe nicht in Ordnung ist. Wütend denkt er: »Ich habe den ganzen Tag lang wie ein Vieh geschuftet und jetzt muß ich mir eine Suppe vorsetzen lassen, die wie Abwaschwasser schmeckt.« In seinem begreiflichen Zorn sagt er auch sofort genau das, was er denkt. Die Folgen sind leicht vorauszusehen. Die Frau wird beleidigt sein. Weniger, weil ihr die Suppe mißlungen ist. Sie wäre vermutlich durchaus bereit, dies einzugestehen. Was sie jedoch dazu zwingt, sich sofort zu verteidigen und nun ihrerseits dem Mann einige Grobheiten an den Kopf zu werfen, ist einzig und allein die Wahl seiner Worte. Sie gaben ihr einfach keine Chance mehr, einen Dialog zu führen, der für beide Teile befriedigend endet. Wenigstens nicht in absehbarer Zeit.

In diesem Falle ist es offenkundig, daß der Mann mit seiner Äußerung nichts anderes wollte, als seinen Unmut loszuwerden. Das ist durchaus verständlich. Aber was hat er damit erreicht? Doch nur, daß die Beziehung zwischen ihm und seiner Frau nun ein paar Stunden oder sogar Tage darunter leiden wird.

Jene kontrollierende kreative Pause, die ich vorhin erwähnte, hätte ihm dies alles erspart. Er hätte sich wütend gedacht: »Die Suppe schmeckt wie Abwaschwasser.« Aber ehe er diesen Gedanken aussprach, hätte er innegehalten und überlegt: Was nützt es mir, wenn ich das sage? Wird die Suppe dadurch besser? Sicherlich nicht. Also ist alles, was ich tun kann, nur das eine: erreichen, daß ich morgen und übermorgen etwas Besseres vorgesetzt bekomme. Diese Überlegung hätte ihn zunächst einmal abgehalten, seine Gedanken ungeprüft zu äußern.

Er hätte nun weiter überlegt: Wie sage ich das meiner Frau, ohne sofort bei ihr eine Abwehrreaktion auszulösen, sondern in ihr selbst den Wunsch wachzurufen, sich morgen und übermorgen beim Zubereiten der Suppe mehr Mühe zu geben? Sicherlich wäre ihm eine Schmeichelei eingefallen, in die er seine Botschaft wirkungsvoll hätte verpacken können.

Sie werden nun sagen: »Das klingt alles sehr einfach, aber in der Hektik des Alltags sieht das ganz anders aus.« Das mag richtig sein. Allerdings nur dann, wenn Sie es Ihrer augenblicklichen Stimmung überlassen, wie Sie auf ein Problem reagieren. Hier geht es aber darum, daß sie bewußt zwischen Ihrem Denken und Sprechen einen Kontrollmechanismus einbauen, der sozusagen automatisch funktioniert, gleichgültig, in welcher Verfassung Sie sich gerade befinden.

Wenn es den Politikern, von denen Eleanor Roosevelt sprach, möglich ist zu lernen, wie man auf verschiedenen Ebenen denkt und spricht, warum sollten Sie es nicht fertigbringen? Der Vorgang ist tatsächlich sehr einfach.

Lassen Sie ihn mich noch einmal ganz kurz darstellen:

Wenn Sie mit einer Situation konfrontiert sind, in der es Ihnen richtig erscheint, den Ausgang eines Gesprächs nicht dem Zufall zu überlassen, sondern Ihren Gegner zu überzeugen, stellen Sie sich, ehe Sie zu sprechen beginnen, zwei einfache Fragen und beantworten Sie die. Sie lauten:

1. Was will ich mit dem, was ich sage, erreichen?
2. Was muß ich sagen, um dieses Ziel zu erreichen?

Versuchen Sie diese Methode einige Male. Nach den ersten Erfolgen wird es Ihnen Spaß machen, sie auch weiterhin anzuwenden.

Sie können jedem Menschen alles sagen. Wirklich alles. Es kommt nur darauf an, wie Sie es tun

Die meisten Menschen leben in der fixen Vorstellung, daß es ganz bestimmte Dinge gibt, die man einfach nicht aussprechen kann. Sie sind sich klar darüber, daß sie gesagt werden müßten, aber sie können die Hürde ihrer Hemmungen nicht überspringen. Tagelang, vielfach sogar jahrelang kreisen ihre Gedanken um solch eine Sache, immer verbunden mit der Hoffnung, daß sie sich irgendwie einmal ganz von selbst lösen würde.

Das ist einer der Gründe dafür, warum sich so viele Menschen in sich abgekapselt haben, unzufrieden mit ihrem Schicksal, unverstanden von den anderen und ständig mit ihren Wünschen und Problemen auf der Stelle tretend.

Die Fähigkeit, Menschen beeinflussen zu können, bedeutet mehr als nur die Manipulation für den eigenen Vorteil. Sie ist ein Vorgang der Selbstbefreiung. Ein gestecktes Ziel durchzusetzen bedeutet gleichzeitig, uns frei zu machen für andere Aufgaben. Am Beginn dieses Vorgangs aber steht immer das Gespräch mit dem anderen. Dieses Gespräch zu beginnen und gezielt zum Abschluß zu bringen, ist die Voraussetzung jedes manipulativen Manövers.

Wer deshalb mit der Einstellung lebt, es gebe irgend etwas, das »man nicht sagen« könne, wird niemals imstande sein, andere Menschen zu seinem Vorteil zu beeinflussen.

»Die Sprache«, behauptete einmal der Dichter Ferdinand Raimund, »ist dazu da, um die unwirkliche Wirklichkeit zu unserem Wohlbehagen zu verändern.« Tatsächlich sind wir Zeugen und Betroffene dieser Veränderung an jedem einzelnen Tag unseres Lebens. Was wollte uns daran hindern, selbst zu unserem Vorteil davon Gebrauch zu machen, indem wir die Sprache dazu nützen?

Einer meiner Bekannten leitet einen Betrieb mit etwa zwanzig Arbeitern und Angestellten. Mit einem von ihnen, er war Buchhalter, gab es immer irgendwelche Schwierigkeiten. Was auch immer mein Bekannter versuchte, er kam mit dem Mann einfach nicht zurecht. Die einzige Möglichkeit, das Problem aus der Welt zu schaffen, war die Trennung.

Ein ganzes Jahr lang trug mein Bekannter diese Entscheidung mit sich herum, aber er konnte sich nicht dazu entschließen, mit dem Betroffenen darüber zu reden. Tausenderlei Dinge hielten ihn davon ab. Wie würde er darauf reagieren? Er war immerhin nicht mehr der Jüngste. Er hatte Familie. Würde es vielleicht zu einem Prozeß beim Arbeitsgericht kommen?

Endlich, als für ihn der Zustand unerträglich geworden war, ließ mein Bekannter den Buchhalter rufen, um ihm seine Absicht schonend beizubringen. Was geschah? Schon nach den ersten Sätzen unterbrach ihn der Mann und sagte, wie erleichtert er sei. Er hätte nämlich selbst schon längst eingesehen, daß hier nicht der richtige Platz für ihn sei. Einzig und allein die Rücksichtnahme auf seinen unmittelbaren Vorgesetzten, den er persönlich sehr schätze, hätte ihn davon abgehalten, wegzugehen.
Sicherlich ist das ein Ausnahmefall. Er beweist jedoch in aller Deutlichkeit, wie sich zwei Menschen ein ganzes Jahr voller Unbehagen hätten ersparen können, wenn wenigstens einer von ihnen die Hemmung überwunden hätte, darüber zu sprechen.
Was sind nun die Gründe dafür, daß wir ein Gespräch, das uns einem Ziel näherbringen könnte, nicht führen? Eigentlich gibt es nur einen einzigen Grund: die Angst vor dem Ungewissen. Wir wissen nicht, wie der Gegner reagieren könnte. Wir haben Angst vor einer Niederlage oder davor, uns lächerlich zu machen. Weil wir selbst keine Vorstellung haben, wie das Gespräch verlaufen soll, fangen wir erst gar nicht an.
Alle diese Unsicherheiten resultieren aus der irrigen Annahme, daß wir vor den Gegner hintreten und ihm sagen: »Ich möchte, daß du dies oder jenes tust« – und er lehnt ab. Wir sehen uns selbst als Hauptakteur des Gesprächs, für den es nur zwei Möglichkeiten gibt: zu siegen oder zu unterliegen. Und die Vorstellung der Niederlage macht uns angst.
Ganz anders sieht es jedoch aus, wenn wir das Gespräch als ein manipulatives Spiel konzipieren, das eine Niederlage für uns von vornherein ausschließt. Selbst wenn wir nicht den gewünschten Erfolg errungen haben, bleibt dieses Ergebnis dem Gegner verborgen. Wir brauchen deshalb die Niederlage nicht zu fürchten. Die Angst als Hemmschuh fällt damit weg.
Wir erreichen dies dadurch, daß wir nicht uns selbst als Hauptakteur des Spiels betrachten, sondern den Gegner in diese Position manövrieren. Ihnen mag diese Vorstellung im Augenblick noch recht ungewöhnlich erscheinen. Hier sind deshalb sechs Hinweise, deren Nützlichkeit Sie selbst jederzeit in der Praxis erproben können:

1. Beginnen Sie das Gespräch damit, daß Sie irgendeinen Vorzug des Gegners herausstreichen. Sie stellen ihn damit von Anfang an in den Mittelpunkt des Gesprächs. Fragen Sie ihn, wie es seiner Frau oder den Kindern geht. Bewundern Sie seine Krawatte, seinen Anzug oder stellen Sie eine Leistung heraus, von der Sie annehmen können, daß er darauf besonders stolz ist.
2. Bauen Sie die positive Atmosphäre, die dadurch entsteht, weiter aus. Beachten Sie dabei aber, daß nicht Sie, sondern der Gegner Mittelpunkt des Gesprächs bleiben muß. Wenn er anfangs vielleicht einen Augenblick lang gedacht hat: »Was will der von mir?«, so soll dieser Verdacht beseitigt werden.

3. Die wirkungsvollste Methode, eine positive Atmosphäre zu vertiefen, ist eine Frage, die den Gegner interessiert. Sie soll das Thema, um das es Ihnen geht, am Rande berühren. Aus dem Gesagten sollte es Ihnen möglich sein, einen Anhaltspunkt zu finden, mit dem Sie Ihr weiteres Gespräch vollends auf das gewünschte Thema überleiten können.
4. Benützen Sie nun den Anhaltspunkt dazu, Ihre manipulative Botschaft ins Gespräch zu bringen. Sagen Sie keinesfalls »Ich möchte, daß...« oder »Sie sollten« oder »Ich hielte es für richtig, daß...« So viel Ihnen auch an der Erfüllung Ihres Wunsches liegen mag, bringen Sie ihn so vor, als verhielten Sie sich dazu völlig neutral. Nicht Sie sollen sich dafür engagieren, Sie wollen vielmehr erreichen, daß es der Gegner tut. Sagen Sie nur, was notwendig ist und schließen Sie mit einer Frage wie »Was halten Sie davon?«
5. Wenn der Gegner sich ablehnend verhält, zählen Sie einige Vorteile auf, die er aus der Sache ziehen könnte. Versäumen Sie aber nicht, auch einige Nachteile zu erwähnen, die natürlich nicht so gewichtig sein sollen, daß sie die Vorteile aufwiegen. Veranlassen Sie nun den Gegner durch Fragen und Anregungen, das Für und Wider gegeneinander abzuwägen.
6. Wenn er sich noch immer ablehnend verhält, beenden Sie das Gespräch. Lassen Sie das Ende offen. Sagen Sie: »Reden wir ein andermal darüber« oder »Überlegen Sie sich die Sache noch einmal«. Sie kennen nun seinen Standpunkt und die Gründe seiner Ablehnung. Ziehen Sie sich zurück. Prüfen Sie, was Sie falsch gemacht haben und besser hätten machen können. Bereiten Sie sich auf das nächste Gespräch vor. Denn, wie Sie wissen, darf man keinesfalls erwarten, schon beim ersten Versuch erfolgreich zu sein.

Wenn Sie diese sechs Hinweise auswendig lernen oder in Ihr Notizbuch schreiben, um sie bei nächster Gelegenheit in die Praxis umzusetzen, sollten Sie dabei nicht vergessen, worauf es ankommt. Entscheidend dabei ist, die Angst aus der Welt zu schaffen, es gebe Dinge, die Sie nicht mit jedermann jederzeit besprechen könnten. Sie können es, indem Sie von vornherein eine Niederlage dadurch ausschließen, daß Sie sich nicht selbst in den Mittelpunkt des Gesprächs stellen, sondern Ihren Gegner.

Vier wirkungsvolle Methoden, die Sprache zu Ihrem Vorteil einzusetzen

Dieses Kapitel begann mit dem Satz: »Die Sprache ist das wichtigste Instrument der Manipulation.« Die meisten Menschen sind sich nicht bewußt, welche Vielfalt von Möglichkeiten es gibt, die Sprache als Instrument des Überzeugens einzusetzen. Meistens wählen sie immer nur einen einzigen, den direkten Weg, um ans Ziel zu kommen. Sie sagen »ja« oder »nein« oder »Mach' das« oder »Es ist so, wie ich sage, und damit Schluß«. Wenn sie damit nicht den erhofften Erfolg haben, suchen sie die Schuld beim Gegner. Oder sie setzen ihre Autorität ein, um sich wenigstens damit durchzusetzen. Natürlich ist das auch eine Möglichkeit. Allerdings eine sehr begrenzte, die auf lange Sicht nicht zum Ziel führen kann.
Alles, was bisher über die Sprache als manipulatives Instrument gesagt wurde, ergänzt die Erkenntnis des dritten Manipulationsgesetzes über die Verpackung. Wie Sie eine Absicht sprachlich »verpacken«, wird letztlich darüber entscheiden, in welchem Maße Sie den Gegner davon überzeugen können.
Mit anderen Worten: Ihre Sache kann noch so gut, noch so plausibel oder wertvoll sein, sie wird von anderen nur als so gut betrachtet und behandelt werden, wie Sie sie darstellen können. Entscheidend dabei wird immer sein, so wichtig auch Ihre eigene Überzeugung ist, was der Gegner darüber denkt. Das unterstreicht die Notwendigkeit der im vorangegangenen Abschnitt beschriebenen Methode, den Gegner und nicht sich selbst in den Mittelpunkt eines manipulativen Gesprächs zu stellen.
Gehen wir hier nur davon aus, daß es wichtig ist, ein Anliegen so darzustellen, wie es seinem Wert entspricht, so gehen wir im praktischen Leben mit unseren Bemühungen noch ein Stück weiter. Wir versuchen mit vielem, was wir tun und sagen, uns anderen gegenüber besser darzustellen, als wir es selbst von uns glauben. Wir sind vielleicht gar nicht so besonders modern, aber wir tragen einen Anzug, einen Bart, eine Krawatte, die den Anschein erwecken sollen, daß wir es doch sind. Wir eignen uns auch Phrasen und Ansichten an, die den Eindruck, den wir erwecken möchten, sichtbar verstärken. Die Frage, die uns dabei ständig beschäftigt, ist: Wie glaubhaft bin ich mit dem, was ich sage? Bin ich überzeugend genug? Glaubt mir der andere das, was ich ihm sage? Nimmt er mich ernst? Akzeptiert er mich? Kurz: Bediene ich mich des Instruments Sprache so gut, daß ich damit die anderen von dem überzeugen kann, von dem ich sie überzeugen möchte?
Es hängt davon ab, in welchem Maße wir uns der Vielfalt der Möglichkeiten bedienen, die uns zur Verfügung stehen.
Vier dieser Möglichkeiten verdienen unsere besondere Aufmerksamkeit:

1. Sagen Sie lieber zehn Mal »ja« als ein einziges Mal »nein«.

Wir sind ständig versucht, eine Angelegenheit, der wir nicht zustimmen können, mit einem eindeutigen »nein« zu beurteilen. Das mag die Sache für uns selbst durchaus klar abgrenzen. Wir distanzieren uns von ihr und brauchen uns nicht mehr weiter mit ihr zu belasten. Aber wie steht es mit dem anderen, der uns überzeugen und sich selbst damit Anerkennung verschaffen möchte?
Er wird uns mit dem Gefühl verlassen, daß wir ihm eine Niederlage bereitet haben. Vielleicht nimmt er es uns nicht übel. Viel wahrscheinlicher jedoch ist, daß er sich von uns brüskiert fühlt und auf Revanche sinnt. Und irgendeinmal später, wenn wir ihn überzeugen möchten, wird er unserem Bemühen ablehnend gegenüberstehen. Er wird gar nicht daran denken, sich mit unserem Vorschlag sachlich auseinanderzusetzen, sondern von vornherein dagegen sein, weil er denkt: »So, jetzt bin ich dran und jetzt geb' ich es dir zurück.«
Wir alle kennen diese Vorgänge aus oftmaliger, eigener Erfahrung. Das ist Grund genug, Folgerungen daraus zu ziehen. Ich selbst befolge seit vielen Jahren, wann immer es möglich ist, den Rat eines Freundes. Er sagte mir: »Das Wörtchen ›nein‹ hat etwas Endgültiges und Verletzendes. Es bricht den Kontakt zwischen dir und dem anderen abrupt ab. Das Wort ›ja‹ hingegen verbindet. Es hält den Kontakt zum anderen aufrecht, auch wenn du im Augenblick gegenteiliger Meinung bist. Verpacke deshalb dein ›nein‹ in einem ›ja‹. Sage lieber ›Ja, Sie haben da vollkommen recht, aber...‹, oder ›Ja, das klingt wirklich gut, aber vielleicht sollten wir doch...‹«

2. Locken Sie den Gegner mit einem kleinen Trick aus der Reserve.

Manchmal sind wir in der Situation, daß wir von einem anderen etwas erfahren möchten, das er uns absolut nicht sagen will. Oder es will uns einfach nicht gelingen, ihn von sich aus reden zu lassen. In solcher Situation befinden sich oft Journalisten, wenn sie Leute zu interviewen haben, die nicht gerne mit dem, was sie wissen, herausrücken wollen. Geschickte Interviewer wenden hier einen altbewährten Trick an, der gewiegten Kartenspielern ebenfalls eigen ist: Sie bluffen. Sie tun so, als wüßten sie etwas, das dem Gegner in diesem Spiel unangenehm sein könnte.
Sie verwenden hintergründige Andeutungen, wie: »Ich habe gehört, daß Sie...« Oder: »Man sagt von Ihnen, daß... stimmt das?« Wohlgemerkt, solche Andeutungen können vollkommen aus der Luft gegriffen sein, sie müssen nur die Richtung andeuten, in die Sie Ihr Gespräch bringen wollen. Die Reaktion darauf ist meistens verblüffend. Der Gegner befindet

sich plötzlich in der Situation, daß er sich verteidigen muß. Um sich zu rechtfertigen, geht er aus seiner Reserve heraus.

3. *Beflügeln Sie die Phantasie des Gegners, damit er sich das vorstellen kann, wovon Sie ihn überzeugen möchten.*

In der Werbung gibt es einen alten Grundsatz. Er lautet: »Ein eindrucksvolles Bild sagt mehr als hundert Worte.« Dasselbe gilt auch für ein Beispiel. Der Gegner muß sich das, von dem Sie ihn überzeugen wollen, lebhaft vorstellen können.
Sie können von einem Ereignis in einer Zeitung über Seiten hinweg lesen. Es wird Sie nicht so sehr beeindrucken, als wenn Sie 60 Sekunden lang darüber einen Filmbericht im Fernsehen sehen. Natürlich stehen uns solche Möglichkeiten während eines Gespräches nicht zur Verfügung. Das soll uns jedoch nicht daran hindern, Vorgänge, die wir eindrucksvoll darstellen möchten, auf andere Weise zu demonstrieren, mit der wir die Phantasie des Gegners beflügeln.
Ich werde wohl niemals die Szene vergessen, die ich vor vielen Jahren einmal im Gerichtssaal erlebte. Der Angeklagte war beschuldigt, schuld an einem tödlichen Verkehrsunfall zu sein. Auf die routinemäßige Aufforderung des Richters, den Vorfall zu schildern, kam es zu einigen Unklarheiten. Da trat der Angeklagte an den Richtertisch heran. Er kramte eine Weile in seinen Taschen herum, dann legte er eine Zündholzschachtel und ein paar Münzen auf den Tisch. »Stellen Sie sich vor«, sagte er, »daß das mein Auto war. Die drei Münzen hier sind die Fußgänger, die am Straßenrand standen.« Er legte alles in der beschriebenen Weise zurecht. Dann bat er noch den Verteidiger, ihm doch sein Feuerzeug zur Verfügung zu stellen. Er machte daraus ein Fahrzeug, das aus der Gegenrichtung kam.
Ehe der Richter dagegen etwas einwenden konnte, war der Tisch vor ihm zur Unfallstelle geworden, auf der der Angeklagte Münzen, Zündholzschachtel, Feuerzeug und noch einige andere Gegenstände hin und her schob, um den Vorfall verständlich zu machen. Alles war so wirklichkeitsnah, daß auch Verteidiger und Ankläger von ihren Plätzen aufgestanden und an den Tisch getreten waren. Sie stellten allerhand Fragen, und schließlich schoben sie auch ihrerseits die Gegenstände auf der Tischplatte hin und her. Kurz, dem Angeklagten war es gelungen, mit ein paar ganz primitiven Hilfsmitteln die Phantasie des Hohen Gerichts in seinen Bann zu ziehen.
Sie sollten sich nicht scheuen, sich der gleichen Methode zu bedienen, um die Überzeugungskraft Ihrer Worte mit bildhaften Darstellungen zu unterstützen.

4. Verwirren Sie Ihren Gegner, indem Sie kleine Details zur Hauptsache machen.

Im manipulativen Spiel des gegenseitigen Überzeugens ist es von großer Bedeutung, wem es gelingt, dem anderen seine Taktik aufzuzwingen. Hier gibt es eine Methode, die sehr oft in der Politik angewendet wird, um den Gegner zu verunsichern.
Hat der Gegner durch das Vorbringen starker, kaum zu widerlegender Argumente einen Vorteil errungen, so wird er sich in Sicherheit wiegen, weil er genau weiß, daß wir seinen Darlegungen keine gleichwertigen Argumente entgegenzusetzen haben.
Der Trick, der uns in einer solchen Situation aus der Verlegenheit retten kann, ist einfach: Wir reagieren nicht auf die Hauptsache seiner Darlegung, sondern greifen ein Detail heraus, das einen Angriffspunkt bietet. Wir leiten die Erwiderung etwa mit den Worten ein: »Was Sie da sagen, klingt – das muß ich schon sagen – wirklich verlockend. Vor allem die Art, wie Sie es dargestellt haben. Ich muß sagen, das war wirklich sehr beeindruckend. Die Sache hat allerdings einen kleinen Schönheitsfehler, auf den ich Sie aufmerksam machen möchte. Er mag vielleicht im ersten Augenblick nebensächlich erscheinen. Aber wie Sie ja wissen, sind es oft die kleinen Nebensächlichkeiten, die große Dinge zu Fall bringen.«
Der Gegner wird gespannt darauf warten, was Sie nun zu sagen haben. Seine Gedanken sind plötzlich auf etwas fixiert, mit dem er nicht gerechnet hat – und das ihn von der Hauptsache ablenkt. Nun hängt es davon ab, wie eindrucksvoll Sie das Detail ausbauen und aufbauschen, bis fortan nur mehr davon die Rede ist und nicht mehr von dem, was der Gegner als Hauptsache ins Spiel bringen wollte.

Die vier hier angeführten Beispiele deuten natürlich nur einen Bruchteil der Möglichkeiten an, wie wir durch die richtige Anwendung des Manipulationsinstruments Sprache Menschen entscheidend beeinflussen können.
Nicht zufällig handelt das achte und letzte Manipulationsgesetz vom gezielten und bewußten Gebrauch der Sprache. Die Ausschöpfung möglichst aller Möglichkeiten, die sich uns bieten, entscheidet schließlich darüber, wie wirkungsvoll die in diesem Buch beschriebenen Gesetze der Menschenbeeinflussung in der Praxis eingesetzt werden können. Wir müssen erkennen, daß der Erfolg letztlich das Ergebnis der richtigen Wechselwirkung zweier Komponenten ist: einerseits des Wissens um die Zusammenhänge im manipulativen Spiel, in das wir ständig verwickelt sind, und andererseits der wirkungsvollen Artikulation dieses Wissens.

Nachwort

Dieses Buch ist – wie schon am Beginn erwähnt – nicht geschrieben worden, damit Sie darin ein wenig blättern und es dann ein für alle Mal zur Seite legen. Wenn Sie daraus nachhaltigen Nutzen ziehen wollen, empfiehlt es sich, immer wieder darin nachzulesen, um daraus ständig Anregungen für den Umgang mit Ihren Gegnern im manipulativen Spiel des Alltags zu beziehen.
Es sollte darüber hinaus die falsche Vorstellung ausräumen, daß »wir kleinen Leute« uns stets nur als Opfer routinierter Manipulanten sehen sollten, denen wir hilflos ausgeliefert sind. Was uns zu solchen Opfern macht, ist vor allem die Angst vor unserer vermeintlichen Unfähigkeit, uns den anderen gegenüber durchsetzen zu können. In diesem Spiel sollte dieses Buch eine Ermunterung sein für eine erfolgreiche Selbstverwirklichung durch den Gebrauch der manipulativen Spielregeln.
Es wäre unrealistisch zu erwarten, daß irgend jemand imstande wäre, alle hier beschriebenen Gesetze der Menschenbeeinflussung in kürzester Zeit in das Repertoire seines täglichen Umgangs mit anderen Menschen aufzunehmen. Dies ist auch nicht notwendig. Es ist vielmehr so, daß jeder sich jene Hinweise und Erkenntnisse zu eigen machen kann, die seinem Wesen und seinen Qualifikationen entsprechen. Die Vervollkommnung einer einzigen dieser Qualifikationen kann bereits Erfolge bewirken, die das Leben eines Menschen grundlegend zum Besseren verändern.
Dieses Buch erhebt keinerlei Anspruch auf Wissenschaftlichkeit. Es ist das Ergebnis von persönlichen und allgemeinen Erfahrungen und Erkenntnissen, die aus dem Umgang mit meinen Mitmenschen resultieren, aus meiner ständigen Auseinandersetzung mit ihnen.
Ich möchte abschließend allen jenen danken, die mir die Möglichkeit dieser Auseinandersetzung geboten haben und weiter bieten. Dazu gehören nicht zuletzt meine Frau und meine Kinder. Ganz besonders bin ich meinem langjährigen Partner Dr. Sepp Gasser zu Dank verpflichtet. Er hat durch umfangreiche Studien und Recherchen wesentlichen Anteil am Zustandekommen dieses Buches.